**FILŌ**MARGENS    **autêntica**

# JUDITH BUTLER

## Que mundo é este?
## Uma fenomenologia pandêmica

Coordenação de tradução

**Carla Rodrigues**

Tradução

Beatriz Zampieri, Gabriel Lisboa Ponciano,
Luís Felipe Teixeira, Nathan Teixeira,
Petra Bastone e Victor Galdino

Copyright © 2022 Judith Butler

Título original: *What World is This? A Pandemic Phenomenology*

Todos os direitos reservados pela Autêntica Editora Ltda. Nenhuma parte desta publicação poderá ser reproduzida, seja por meios mecânicos, eletrônicos, seja via cópia xerográfica, sem a autorização prévia da Editora.

COORDENADOR DA COLEÇÃO FILÔ
*Gilson Iannini*

CONSELHO EDITORIAL
*Gilson Iannini* (UFMG); *Barbara Cassin* (Paris); *Carla Rodrigues* (UFRJ); *Cláudio Oliveira* (UFF); *Danilo Marcondes* (PUC-Rio); *Ernani Chaves* (UFPA); *Guilherme Castelo Branco* (UFRJ); *João Carlos Salles* (UFBA); *Monique David-Ménard* (Paris); *Olímpio Pimenta* (UFOP); *Pedro Süssekind* (UFF); *Rogério Lopes* (UFMG); *Rodrigo Duarte* (UFMG); *Romero Alves Freitas* (UFOP); *Slavoj Žižek* (Liubliana); *Vladimir Safatle* (USP)

EDITORAS RESPONSÁVEIS
*Rejane Dias*
*Cecília Martins*

PROJETO GRÁFICO
*Diogo Droschi*

REVISÃO
*Aline Sobreira*
*Beatriz Zampieri*
*Victor Galdino*

CAPA
*Alberto Bittencourt*
(*Sobre obra* Parede da memória, de Rosana Paulino)

DIAGRAMAÇÃO
*Guilherme Fagundes*

**Dados Internacionais de Catalogação na Publicação (CIP)**
**(Câmara Brasileira do Livro, SP, Brasil)**

Butler, Judith
  Que mundo é esse? : uma fenomenologia pandêmica / Judith Butler ; coordenação da tradução Carla Rodrigues. -- Belo Horizonte, MG : Autêntica Editora, 2022. -- (Coleção Filô Margens / coordenação Gilson Iannini.)

  Título original: What World Is This? : A Pandemic Phenomenology.
  Vários tradutores.
  ISBN 978-65-5928-225-8

  1. Civilização - História - Século 21 2. Covid-19 (Doença) 3. Fenomenologia I. Rodrigues, Carla. II. Iannini, Gilson. IV. Título. V. Série.

22-129095                                                                       CDD-128.5

Índices para catálogo sistemático:
1. Morte : Reflexões : Vida humana : Antropologia filosófica 128.5

Eliete Marques da Silva - Bibliotecária - CRB-8/9380

**Belo Horizonte**
Rua Carlos Turner, 420
Silveira . 31140-520
Belo Horizonte . MG
Tel.: (55 31) 3465 4500

**São Paulo**
Av. Paulista, 2.073 . Conjunto Nacional
Horsa I . Sala 309 . Cerqueira César
01311-940 . São Paulo . SP
Tel.: (55 11) 3034 4468

www.grupoautentica.com.br
SAC : atendimentoleitor@grupoautentica.com.br

# Agradecimentos

Sou grata a Joan Vergés Gifra, diretor da Càtedra Mora de Pensament Contemporani, na Universidade de Girona (Catalunha), pelo convite que me fez para oferecer, em outubro de 2020, este trabalho como uma série de conferências. Sou especialmente grata a Begonya Saez Tajafuerce, Fina Birules, Denise Riley e Howard Caygill, pelo engajamento crítico e criativo com este trabalho. Também agradeço a Jarrett Zigon e Jason Throop, e ao "Team Phenomenology", pelos comentários que muito me ajudaram, assim como à European Graduate School, pelo convite para refletir sobre esses assuntos diante de uma audiência on-line, logo nas fases iniciais da pandemia. Por fim, agradeço à equipe da Columbia University Press, especialmente Wendy Lochner, e à Wylie Agency, pela dedicação a este projeto.

9 APRESENTAÇÃO À EDIÇÃO BRASILEIRA
**De volta à fenomenologia, de encontro ao mundo, mais uma vez**
Beatriz Zampieri e Victor Galdino

25 **Introdução**
Tradução de Victor Galdino

49 CAPÍTULO 1
**Sentidos do mundo: Scheler e Merleau-Ponty**
Tradução de Luís Felipe Teixeira e Nathan Teixeira

79 CAPÍTULO 2
**Os poderes na pandemia: reflexões sobre a vida restrita**
Tradução de Beatriz Zampieri

105 CAPÍTULO 3
**Entrelaçamento como ética e política**
Tradução de Gabriel Lisboa Ponciano

133 CAPÍTULO 4
**A enlutabilidade pelos viventes**
Tradução de Petra Bastone

147 PÓS-ESCRITO
**Transformações**
Tradução de Luís Felipe Teixeira

157 POSFÁCIO À EDIÇÃO BRASILEIRA
**Outro fim do mundo é possível**
Carla Rodrigues

163 **Referências**

172 **Índice remissivo**

Apresentação à edição brasileira
# De volta à fenomenologia, de encontro ao mundo, mais uma vez

Beatriz Zampieri e
Victor Galdino

A lida com o tempo – como olhar diante dos processos de continuidade, descontinuidade, hiato, ruptura – pode ser entendida como tarefa própria à tradução. Muitos são os tempos que compõem a textura da linguagem, como também as condições – nem sempre explícitas – de possibilidade para que a recepção de um livro aconteça em determinado momento, e não em outro. Essa é uma forma de descrever, em parte, a chegada dos livros de Judith Butler ao Brasil. De fato, 19 anos após a edição brasileira de *Problemas de gênero* (2003)[1] – publicada 13 anos depois de *Gender Trouble*, na década de 1990 –, a tradução de *Que mundo é este?* traz, em 2022, a particularidade de um lançamento simultâneo nos Estados Unidos, no Brasil e na Espanha. Não poderia ser diferente: trata-se de um texto escrito *neste momento* e *para este momento*, quando a experiência

---

[1] *Problemas de gênero: feminismo e subversão da identidade*. Tradução de Renato Aguiar. Revisão técnica de Joel Birman. Rio de Janeiro: Civilização Brasileira, 2003.

da pandemia parece ter acelerado ou tornado urgente a pergunta acerca do tempo em que vivemos.

Seja em sua forma exclamativa ou interrogativa – "*que tipo de mundo é este!?*", como Butler escreve reiteradamente –, é um livro que reflete uma ambiguidade bastante familiar à nossa língua. Perguntar sobre o tempo pode muito bem ser uma maneira trivial, cotidiana de puxar assunto quando uma pessoa estranha nos interpela. Mas essa feliz confusão, inerente à língua portuguesa, entre tempo, entendido como condições climáticas, e *o* tempo, nosso presente, põe em jogo o desdobramento feito pela autora sobre o conceito filosófico de *mundo*. Perguntar pelo tempo, então, supõe a análise das condições – materiais, históricas, sociais, econômicas – que nos compõem, como também a reflexão acerca do *meio* como ambiente construído e modificado de nosso entorno. Uma interrogação insiste em assombrar o caráter urgente deste livro desde sua epígrafe, que Butler retira do poeta jacobita John Donne: "E se este presente fosse a última noite do mundo?".

É, justamente, *o mundo*, como objeto de estudo próprio à tradição fenomenológica – mencionada já no subtítulo do livro –, que leva Butler a responder a tais perguntas em constante diálogo com essa escola de pensamento, percorrendo suas variações germânicas e francesas, assim como a fenomenologia crítica de Gayle Salamon, Lisa Guenther e outras. Daí uma inflexão fundamental, apresentada no primeiro capítulo, "Sentidos do mundo: Scheler e Merleau-Ponty": de que maneira a constituição mundana convoca e modifica nossa percepção, tantas vezes reduzida à individualidade, do mundo comum que habitamos? Com a matriz teórica germânica, Butler revisita a filosofia husserliana, oferecendo-lhe um possível deslocamento em direção à concepção do trágico de Max Scheler. Não basta, afirma, investigar os modos como o mundo aparece como horizonte da experiência de conhecimento, compreendê-lo em sua condição de ser-dado; com o trágico, a teoria da constituição fenomenológica encontra seus limites na incontornabilidade e objetividade por meio das quais o mundo aparece para nós. Reivindicar o trágico supõe, essencialmente, chamar a atenção para aquilo que *permeia a alma* – hálito frio e pesado que nos cerca e que dita o ritmo de uma respiração ofegante, que não deixa que nada lhe escape, singular demais, determinado demais, atributo incontornável a qualquer teoria de apreensão do mundo.

O encontro provocado por Butler entre as duas vertentes fenomenológicas consiste em transpor, pela ideia do trágico de Scheler, uma possível relação entre os registros subjetivos e objetivos que regulam qualquer teoria da percepção. Nesse sentido, a tradução procurou acompanhar as alterações feitas por Butler a partir do ensaio do filósofo alemão, estabelecendo uma diferenciação semântica entre os termos *"Weltbeschaffenheit"* (composição de mundo), *"Wesen der Welt"* (natureza do mundo), *"Weltkonstitution"* e *"Konstitution der Welt"* (constituição de mundo, construção do mundo). Embora, nas diferentes versões do texto em inglês, esses termos estejam unificados no sintagma *"makeup"*, a autora indica sua variabilidade por meio de citações diretas ao original. Butler parece sugerir, com efeito, uma possível interpretação da filosofia de Scheler que se afasta da teoria fenomenológica da constituição.

Importa para ela destacar a função sintática dada pelo genitivo *do* mundo: ser constituído significa, antes de tudo, indicar a forma como o mundo *nos faz*. Assim, para além de uma teorização epistemológica sobre a constituição, é preciso reiterar a pergunta acerca do que o mundo fez de nós – e como, de alguma maneira, será possível pôr em questão os modos de desfazê-lo, refazê-lo, reconstruí-lo. O trágico, como um tipo de atmosfera densa e intransponível – um *meio ambiente* –, reflete o momento preciso em que os atributos do mundo forjam a subjetividade. Scheler e Merleau-Ponty: de que maneira este mundo, como objeto imerso em pesar, este mundo pandêmico, desafia nossas construções subjetivas? E o que fazer delas?

Ao longo do livro, parte dessa apropriação das variações da fenomenologia europeia é dada na crítica às fronteiras erguidas em torno do *sujeito*. Este, não podendo agir sem, de alguma forma, estar disponível e mesmo vulnerável à ação de um outro – e não podendo separar com precisão quem é que exclusivamente age nas interações com e *no* mundo –, deve ser visualizado no seu entrelaçamento involuntário com o que define como externo e estranho. Involuntário, pois, antes de tudo, condição para sua própria existência, coordenadas de navegação para sua vontade. Daí a crítica ao antigo par aristotélico *poieîn* e *páskhein*, agir e sofrer uma ação, ser ativa ou passivamente (*Metafísica*, 1017a26; *Categorias*, 11b1). Se essas e outras categorias serviam para organizar (ainda que de maneira não exaustiva) o estudo do real de acordo com diferentes modos de ser, a fenomenologia – especialmente de Merleau-Ponty – complica o trabalho ao apontar para os modos como a atividade viva é mediada por formas de passividade, o que inclui o enraizamento da consciência no corpo. Pode-se dizer que há uma porosidade ontologicamente anterior às estruturas acabadas do ser e à atividade deliberada do sujeito.

Antes de sermos e decidirmos ser algo determinado, já nos encontramos em situação de abertura radical – antes de haver *eu*, há uma relação de passividade, sopro de vida que vem de fora, um toque que faz sentir que há alguma coisa sentindo, sentindo e só depois pensando, conhecendo, deliberando. Quando as categorias aristotélicas entram em cena, já é tarde: *sou* e já carrego um sentido do que sou, isso antes de ser sujeito, ativo, passivo quando não ativo. Além disso, o mesmo sujeito capaz de fazer de si algo inteligível, não estando presente ainda no momento desse toque inaugural, é condenado a levar consigo a obscuridade dos inícios, não podendo mais que fabricar um fundamento artificial para si, caso deseje mesmo se narrar como indivíduo – tema central de *Relatar a si mesmo* (2015)[2] e do ensaio sobre Merleau-Ponty e Malebranche em *Os sentidos do sujeito* (2021).[3] Assim, o par categorial é posto em questão também ao longo deste livro, por isso a decisão de mantê-lo evidente em expressões como "tocar" e "sofrer o toque", "afetar" e "sofrer afecção", e outras variações do esquema agir/sofrer ação. Também o uso de "*passion*" por Butler remete

---

[2] *Relatar a si mesmo: crítica da violência ética*. Tradução de Rogério Bettoni. Belo Horizonte: Autêntica, 2015.

[3] *Os sentidos do sujeito*. Coordenação de tradução de Carla Rodrigues. Belo Horizonte: Autêntica, 2021.

a essa situação filosófica, o que explica sua aparição – traduzida por "paixão", mas no antigo sentido grego de uma configuração passiva da alma – em contextos que pouco têm a ver com sentimento.

No segundo capítulo "Os poderes na pandemia: reflexões sobre a vida restrita", seção "Os futuros do mundo da vida", a menção explícita a Aristóteles ("morre na praia, mais uma vez") vem logo após a afirmação de que, para Merleau-Ponty, os "limites porosos do corpo marcam os caminhos da relacionalidade", de modo que passividade/atividade não podem, portanto, ser compreendidas como mutuamente excludentes nem apartadas com precisão. A possibilidade da separação nesses termos é um problema recorrente no livro: expressões da língua inglesa como *"bounded"*, *"discrete"* e *"separate"* são usadas para demarcar os modos como produzimos e reproduzimos – no decorrer de nossas vidas e ao longo dos processos de subjetivação, especialmente por meio do imaginário liberal – linhas divisórias que mascaram a interdependência e a interpenetração que somos; que temos sido desde nossa inauguração na subjetividade humana e na vida social. O medo da porosidade e a paranoia com a alteridade e a estrangeiridade, entre outros afetos passivos (para usar o vocabulário espinosista tão caro a Butler), são intensificados na experiência da pandemia, formas como o reacionarismo de nossos dias nega, com violência, o fato de sermos viventes sociais, ser-com e ser-para, ser-por-meio-de. A escolha de palavras como "fronteirizada", "individualizado", "apartadas" (para traduzir as expressões mencionadas anteriormente) são tentativas de mostrar, na tradução, a denúncia desse esforço para sustentar linhas violentamente artificiais, ainda que presentes – com toda a realidade de uma ficção vivida no íntimo – em nossas vidas.

Como bem lembra Butler no texto, a porosidade se manifesta de variadas formas e em diferentes cenários: o ar que respiramos e traz consigo algo do outro para dentro de nós; mas também a dependência, muitas vezes trágica, que temos de outras pessoas para viver uma vida vivível. Daí outra decisão: articular a noção de peso e de valor/importância na tradução de *"matter"*, mencionando o ter peso e o importar em conjunção. O peso, como grandeza vetorial, é também dado por uma relacionalidade, não é coisa em si mesma – depende de outras grandezas. Da mesma forma, uma vida tem peso, pesa quando se encontra não apenas em relação, de maneira geral, mas também quando é reconhecida como dotada de valor. Em outras palavras, quando é vivível, algo que ela não pode definir por si e para si. Ter apenas o verbo "importar" na tradução é uma perda da raiz etimológica de *"matter"*, deixando opaca parte relevante da cadeia de sentidos evocados no inglês. Falar em *"bodies that matter"*, título de um de seus livros, é falar de reconhecimento, de relação, de dependência; de dinâmicas sociopolíticas que dão sentido a afirmações políticas que, de outra forma, seriam trivialidades e redundâncias – como "vidas negras importam". É falar de materialidade, de constrangimentos e condições materiais, do fato de que, assim como não podemos fazer com que nosso corpo seja interpretado como bem quisermos, também não basta reconhecer, trivialmente, que toda vida importa, tem peso e valor.

O tema do *reconhecimento* é central ao quarto capítulo, "A enlutabilidade pelos viventes", em que Butler revisita sua própria conceitualização de luto para elaborar as condições sob as quais se pode reivindicar um tipo de agência política. Trata-se de uma concepção ambígua, em seus termos, que parece impossibilitar, de partida, a promessa de restituição integral para o valor da perda. Reconhecer o caráter ontológico – e político, como ressalta em *Vida precária* (2019)[4] – incontornável daquilo que se perdeu significa insistir em dizer a insubstituibilidade do que foi violentamente obrigado ao esquecimento. Mais uma vez, o texto nos leva a observar uma variação semântica no texto original: *"acknowledgment"* e *"recognition"*, traduzidos com frequência e de maneira indistinta por "reconhecimento", indicam registros diversos a partir dos quais se estabelecem as condições e proibições impostas sobre o luto público. Essa distinção desdobrada, especialmente, desde *Quadros de guerra* (2015)[5] torna mais complexa a noção de ser enlutável: existe, aí, a formulação de uma espécie de dissociação entre perdas reconhecíveis e perdas apreensíveis. Enquanto as primeiras se amparam em condições mediadas, por exemplo, pela sociabilidade e pela institucionalidade, circunscritas a certo repertório simbólico e imaginário, existem, ainda, experiências de perda que se encontram aquém desses critérios normativos – experiências vividas fora de determinados enquadramentos sociais e políticos, tidas como não dignas de luto.

---

[4] *Vida precária: os poderes do luto e da violência.* Tradução de Andreas Lieber. Revisão técnica de Carla Rodrigues. Belo Horizonte: Autêntica, 2019.

[5] *Quadros de guerra: quando a vida é passível de luto?* Tradução de Sérgio Lamarão e Arnaldo Cunha. Revisão técnica de Carla Rodrigues. Rio de Janeiro: Civilização Brasileira, 2015.

É pela constatação de uma distribuição desigual do luto que Butler procura situar, por meio da concepção de interdependência, a noção de enlutabilidade como fundamental para o começo de uma possível reconstrução do mundo. O termo *"grievability"* – já traduzido por "condição de enlutável" e, neste livro, por *"enlutabilidade"*, escolha que procura preservar o uso do sufixo – ressoa o termo "reconhecimento", impondo sobre ele uma reflexão crítica. *Condição de*, "-bilidade", denota um tipo de atributo que informa a experiência concreta e materializada do mundo vivido. Em *Que mundo é este*, a menção à métrica do luto é transposta da crítica à violência de Estado – presente, por exemplo, em *A força da não violência* (2021)[6] – aos modos de intensificação e urgência dados pela experiência pandêmica. Tragédia compartilhada de uma experiência global, uma tragédia em *comum*: forma de convocar a figuração das vidas perdidas e chamar seus nomes – tantas vezes impronunciáveis, sempre inumeráveis – para testemunhar as formas, comuns e determinadas, de mortes socialmente negadas, muito embora compartilhadas.

Se existe, para recuperar o repertório filosófico espinosano, uma tendência de afirmar a potência da vida – modo de reiterar que alguma coisa sempre persevera *apesar* da passividade ativa, do sofrimento em vida –, o termo *"to live on"* encontra uma feliz tradução para a língua portuguesa. "Pervivência" – neologismo cunhado por Haroldo de Campos, derivado do ensaio de Walter Benjamin "A tarefa do tradutor" para o termo

---

[6] *A força da não violência: um vínculo ético-político*. Tradução de Heci Regina Candiani. São Paulo: Boitempo, 2021.

"*Fortleben*" – denota alguma coisa que vai muito além de sobreviver. Podemos dizer que, a rigor, sobrevive-se à morte todo dia, como também se trabalha para superar a morte no dia a dia; mas existe alguma coisa própria à vida que, justamente, insiste em ressurgir *apesar de, muito embora*. A noção de per-viver quer dizer alguma coisa a mais: não se trata, tão só, de *sobreviver* ("*überleben*", "*to survive*") à morte em vida, conquistar a vitória na luta de vida e morte, mas de construir, a partir da experiência de uma recorrente destituição, uma espécie de possibilidade avivada, fazer da própria vida sua continuidade: *to live on*. Se a tonalidade pessimista do cenário pandêmico nos leva a pensar que não existirá nada depois de sobrevivermos a este tempo e este mundo – com seus protocolos profiláticos, suas assepsias, suas regulações restritivas –, alguma coisa para além dela dá mostras de que certa persistência surpreende e conclama outras estratégias, esboços para uma outra forma-de-vida; a vida quer traduzir-se, desdobrar a si mesma, ser outra coisa: aí começa, no horizonte destituído da experiência comum, o imaginário social que exige a transposição das restrições de uma sobrevivência empobrecida.

O pós-escrito de Butler não deixa de trazer certo tom otimista. Fazendo referência ao livro *A potência feminista*,[7] de Verónica Gago, sua menção aos movimentos sociais indica que, de alguma forma, a força que resulta das experiências concretas de violência – violência de gênero, violência social, racial, econômica e colonial – se transforma num tipo de fúria produtiva: desejo de

---

[7] *A potência feminista, ou o desejo de transformar tudo*. Tradução de Igor Peres. São Paulo: Elefante, 2020.

transformação formado depois e apesar da ciência de restrições compartilhadas. Da experiência paranoica da aglomeração, passamos a pensar os encontros e, com eles, o valor intrínseco à proximidade dos corpos, ao toque imprevisto, aos gestos incalculáveis que fazem da política o lugar do encontro. Estar em assembleia quer dizer, também, vir ao encontro de um nome para isso que compõe nosso mundo em comum. Os movimentos sociais que surgem no contexto latino-americano desde 2017, *greve feminista*, não institucionalizada, minoritária, não terminam: encontram, mesmo na impossibilidade da reunião pública, um tipo de desdobramento que desafia os limites da inteligibilidade. Daí a ênfase dada pela autora, desde *A força da não violência*, a movimentos sociais como o ¡Ni Una Menos! [Nem uma a menos!] e Black Lives Matter [Vidas negras importam]. Existe uma continuidade notável entre os pós-escritos dos livros de 2020 de 2022: quando dá a última palavra às ruas, Butler repensa as formas como a agência se constrói e desafia as noções de passividade, vulnerabilidade e interdependência.

Falando em vidas negras, é notável a aparição de alguns nomes dos chamados *black studies* [estudos pretos], especialmente na "Introdução". O quase conceito e título do livro de Fred Moten e Stefano Harney *"undercommons"* entra em cena para jogar, ainda que brevemente, um feixe de luz sobre outros sentidos do comum que escapam do normalmente visível, dos centros de visibilidade que parecem capturar todo o nosso olhar – quando o assunto é política, especialmente. A tradução "subcomuns" preserva o caráter subterrâneo dessas outras formas de organizar, viver a vida: escapam de certo regime de visibilidade, mas ainda estão ali, bem debaixo de nosso nariz, respirando outra atmosfera. Além disso, "sub-", como "*under-*", mantém uma ambiguidade: afinal, como diz Butler, essas zonas de vida "fora" do comum – que não são partilhadas de maneira realmente universal, tão comum quanto o universal que conhecemos – são zonas de abandono, lá aonde o Estado chega em partes, primeiro o braço armado, espaços que crescem a cada dia, crescimento acelerado no curso da pandemia. Ali, porém, "sub-", porque escapar das formas dominantes de visibilidade é também vida; outras possibilidades se abrem quando a fugitividade é mais que movimento negativo.

Já faz parte de certo vocabulário "fugitividade" como tradução de "*fugitivity*", incorporada nos textos sobre o legado multifacetado das práticas de fuga (ou "fugitivas", tradução adotada para "*fugitive*") no tempo da escravidão. Nos *black studies*, a palavra "fugitividade" não diz apenas deslocamento espacial/geográfico, mas também abertura de outras possibilidades de movimento, recuperação de uma mobilidade criativa e experimental contra as clausuras que, ainda hoje, andam junto às variações do colonialismo que formou este mundo. Práticas fugitivas estão no cotidiano, de formas sutis ou mesmo imperceptíveis a certo olhar; operam em maior ou menor escala, produzem maior ou menor estrago; podem ser encontradas no interior das instituições, de maneira subversiva; podem levar a outro lugar, resultar na formação de uma comunidade quilombola. Às vezes, "fugitividade" também traduz "*marronage*" (fugir para quilombos, quilombismo ou aquilombamento), que também passou a dizer uma variedade, muitas vezes metafórica, de práticas e movimentos.

Fugitividade é necessidade imposta, porém abraçada – como o novo mundo, as Américas diaspóricas –, transformada em abertura para outras modalidades de estar-no-mundo, talvez mesmo para outros futuros; sobretudo, contra a vontade policial dos governos. Sem ela, não haveria vida social negra, não haveria outro comum, "sub-". Ali, dizem Moten e Harney, "o verdadeiro público, o público fugitivo" – "procure por ele onde dizem que o Estado não funciona, onde dizem que há algo de errado com esta ou aquela rua. Procure onde novas políticas públicas serão introduzidas em breve". Se olharmos bem, mas por um ângulo não mais familiar, veremos o que sempre esteve ali, esse estar-junto na despossessão, transformar margem em espaço de manobra. Novamente: "Procure onde medidas duras estão prestes a serem tomadas, cintos apertados, notificações judiciais entregues, bairros varridos. Onde quer que a dívida impagável elabore a si mesma".[8]

Sobre dívida, a presença de Denise Ferreira da Silva se faz ler, mesmo que indiretamente. Embora o livro de Moten e Harney tenha um capítulo dedicado à relação entre dívida e estudo, pensar o que significa viver uma dívida impagável é algo que vem da leitura de ambos do trabalho de Ferreira da Silva. "Dívida impagável", *"Unpayable debt"* – a expressão é introduzida no texto que escreveu com Paula Chakravartty: "Accumulation, Dispossession, and Debt". Ali, trata-se

---

[8] HARNEY, Stefano; MOTEN, Fred. *The Undercommons: Fugitive Planning and Black Study*. New York: Minor Compositions, 2013. p. 65. Tradução nossa. Disponível em: https://bit.ly/3FoE9xo. Acesso em: 5 set. 2022.

da dívida assumida por pessoas negras e latinas nos Estados Unidos, no cenário de expansão do mercado imobiliário e dos empréstimos *subprime* (que resultaram na crise de 2007, prenúncio da crise financeira de 2008). Esses empréstimos, por serem feitos sem expectativa de pagamento integral – já que destinados a pessoas com alto risco de inadimplência –, faziam somar uma dívida impagável a outra: ela remete ao tempo da abolição e ao endividamento imposto às pessoas livres. Isso porque liberdade negra nas Américas começa com dívida: moral, porque vem da "benevolência" dos senhores e governos; financeira, para compensar as perdas comerciais. No fim, a nova dívida impagável se torna o modo de atualizar a primeira, inaugural – se não há como pagá-la, resta o vínculo moral, violência.

Outra maneira de abordar o fato de que, em última instância, apesar de nossa linguagem, não vivemos efetivamente o mundo *em comum*. Vidas no tempo infinito da dívida impagável não são vivíveis. "Sub-", outra realidade, mesmo planeta – mesmo mundo? Para responder a isso, Butler reúne uma constelação singular de trabalhos, algumas referências inéditas, mas sem deixar de percorrer o caminho que é sua filosofia: se há formas de distribuição assimétrica de vulnerabilidade, há também aquela porosidade e interpenetração que vivemos, desde sempre, apesar de tudo, como o que nos faz humanidade. Nenhuma violência – contra si, contra o outro – vai eliminar a nossa vulnerabilidade básica, ontológica até. Nunca seremos capazes de nos dar o que somos, sem pegar a mão estendida, sem sentir o seu toque, sentir os dedos entrelaçados não mais autorizando a diferença entre quem precisa de quem.

Por fim, o livro nos leva a mais e mais aspectos dessa exterioridade à qual nos entregamos desde sempre, antes mesmo de podermos saber o que isso significa, quais as implicações, quais as elaborações filosóficas a serem feitas em cima dessa opacidade primeira. Agora, por exemplo, não apenas a dependência é inter-humana: Butler nos lembra da abertura ao planeta, do ar que respiramos, de tudo mais que participa do que somos. O caminho percorrido leva ao antropoceno, finalmente; a dependência e a vulnerabilidade são repensadas, dessa vez na iminência da queda do céu. Como já dizia Butler, no prefácio de *Corpos que importam* [*Bodies That Matter*], é inevitável que pensar que a materialidade nos leve, se for honesta a abertura, a outros domínios – "Além de os corpos tenderem a indicar um mundo além deles mesmos, esse movimento para além de sua delimitação, movimento do próprio limite, também pareceu ser bastante fundamental para mostrar o que corpos 'são'".[9] Então, se inevitável, se nunca estivemos mesmo fora dele em nossas práticas filosóficas, *vamos ao mundo* – esse mundo em que já vivemos, onde já nos tocamos, respiramos: afinal, sendo possível atravessar longas distâncias sem sair do lugar, temos muito o que navegar no que já nos é familiar.

---

[9] *Corpos que importam*. Tradução de Veronica Daminelli e Daniel Yago Françoli. São Paulo: crocodilo e n-1 edições, 2019. p. 9.

# Introdução

Tradução de Victor Galdino

*E se este presente fosse a última noite do mundo?*
John Donne

Não importa onde tenhamos vivido nos últimos tempos, vivemos sob um novo conjunto de condições como efeito da pandemia de covid-19. Não estou dizendo que a pandemia crie uma condição única sob a qual todo mundo vive agora, já que ela não pode ser separada das condições sociais e ecológicas existentes. No entanto, no presente, a pandemia configura de uma nova maneira essas condições, incluindo o ataque militar na Ucrânia – os corpos aglomerados em abrigos, em meios de transporte, amontoados na fronteira. Essas proximidades involuntárias, sem dúvida, se mostrariam diferentes se a pandemia tivesse desaparecido por completo. Outras dessas condições existentes incluem: destruição ambiental, pobreza, racismo, desigualdades globais, violência social – inclusive a violência contra mulheres e pessoas LGBTQI+. Ao longo desse tempo pandêmico que ainda não passou, parte de nós sofreu, sem dúvida, perdas drásticas, enquanto outra parte pode ter observado essas perdas de cantos mais seguros do mundo, mas, no geral, temos vivido em uma atmosfera de doença e morte. A morte e a doença estão literalmente no ar, e acabamos, com frequência, sem nem saber como demarcar e fazer o luto de tantas perdas. Não importa o quão diferentemente temos registrado essa pandemia – e o que significa *registrar* se mostrará importante para o que tenho a dizer sobre a fenomenologia dos sentidos –, é inquestionável que ela é compreendida como global; ela implica cada pessoa em um mundo interconectado, mundo de viventes cuja capacidade de afetar os outros e de ser afetado pode ser matéria de vida ou morte. Não estou certa de que esse seja *um mundo comum* que compartilhamos, porque, mesmo querendo residir em um mundo assim, não parece que efetivamente o façamos no momento. O comum ainda não foi alcançado. Talvez seja mais adequado dizer que há muitos e sobrepostos mundos, pois a maioria dos recursos não é igualmente partilhada. E ainda há quem tome parte no mundo apenas de maneira insignificante, ou cujo tomar parte tenha sido anulado.[1] Não podemos registrar um

---

[1] "[...] *have only a small or vanished share of the world*" – a expressão "*to have a share*" foi traduzida como "tomar parte", levando em consideração o parágrafo seguinte, assim como as decisões de tradução nele contidas. Butler ensaia uma ressignificação de "*share*" para além de seu sentido financeiro, em que "*share*" é parcela do capital social da empresa, o que traduzimos como "ação". Como vemos no outro parágrafo, ter uma parte *no* mundo (e não "do", pois não se trata de relação efetiva de posse) não é como ter participação financeira em uma empresa, mas deve ser alguma outra coisa para a qual não temos ainda medida. Por fim, "*common share of the world*" foi traduzido por "patrimônio que é o mundo", uma maneira de lembrar o contexto financeiro como ponto de partida para o deslocamento proposto por Butler, mas

fenômeno global como a pandemia sem, ao mesmo tempo, registrar essas desigualdades e, no caso presente, ver sua intensificação. Às vezes, dizemos que as pessoas ricas e capazes de se proteger vivem em um mundo diferente das demais. Trata-se de uma figura de linguagem, mas será que não comunica também uma realidade? Talvez, falando assim, não nos levem a sério, já que, no fim das contas, há apenas um mundo singular que engloba todas essas desigualdades. Mas e se, em termos descritivos, continuar sendo verdadeiro que alguns mundos não são bem parte desse mundo único, mundo comum, ou que existem zonas de vida persistindo fora do comum ou dos comuns?[2]

Quem vive nessas zonas marginais, com frequência, sustenta esse mundo comum e forma seu laço com ele pelo trabalho, mas isso não significa que essas pessoas sejam *dele*, se com "dele" quisermos designar um modo de pertencimento. De fato, talvez as pessoas que constituem o trabalho substituível, ou que vivem fora da zona de produtividade que as métricas capitalistas reconhecem, sejam tidas como restos, refugos do mundo comum, zona de criminalidade, vida racializada,[3] às vezes vivendo em

---

remetendo, também, à urgência do cuidado que conversas sobre patrimônio público muitas vezes nos incitam, essa ideia de que devemos preservar o que é nosso *em comum*. [N.T.]

[2] Ver Harney e Moten (2013).

[3] "*Black and brown life.*" Aqui e no restante do livro, "*people of color*" e "*black and brown*" foram traduzidas por "pessoas racializadas". No primeiro caso, a decisão vem do fato de que se trata de uma expressão mais pertinente ao mundo anglófono, estranha às discussões sobre raça no Brasil. Além disso, é controversa, especialmente por racializar grupos étnicos e demográficos, como

dívida – vivendo, de fato, no tempo infinito da dívida impagável,[4] que inunda a vida e sobrevive à própria pessoa endividada. Então, talvez seja necessário pensar sobre os mundos contíguos e sobrepostos que são incomuns ou, como argumentam Fred Moten e Stefano Harney, pertencem aos "subcomuns" – ou seja, zonas de negligência

o das pessoas ditas "latinas". O verbo "racializar" foi preferido por indicar processos que podem variar em intensidade, em termos de sucesso performativo e de acordo com o objeto dessa racialização, deixando claro o fato de que raça é algo feito, não descoberto. Quanto ao segundo caso, não temos um equivalente para *"brown"* no Brasil, já que, nos Estados Unidos, os grupos que reivindicam essa identidade podem ser americanos sul-asiáticos (paquistaneses e indianos, por exemplo), árabes-americanos, latino-americanos e filipino-americanos. [N.T.]

[4] Essa expressão é apresentada por Denise Ferreira da Silva e Paula Chakravartty em "Accumulation, Dispossession, and Debt: The Racial Logic of Global Capitalism – An Introduction", para falar das dívidas assumidas por pessoas pobres (negras, latinas) nos Estados Unidos no cenário de expansão do mercado imobiliário e dos empréstimos *subprime* (que resultaram na chamada "crise do *subprime*", em 2007, prenúncio da crise financeira de 2008). Esses empréstimos eram feitos sem expectativa de pagamento integral, precisamente por serem destinados a pessoas com alto risco de inadimplência. Estando fora de relações entre iguais, em que dívidas (como as geradas por empréstimos) são assumidas e pagas, restava a essas pessoas apenas um vínculo moral e a subjugação racial, ainda colonial, remetendo ao tempo da abolição e ao endividamento que veio com a libertação. Dívida tanto em relação à "benevolência" dos senhores que "aceitaram" a abolição, como no sentido de indenização – afinal, vistas como mercadoria e propriedade, as pessoas escravizadas, em sua liberdade, representavam um prejuízo para o sistema colonial. Dívida impagável, também, inscrita na própria existência negra pós-abolição como forma de manter laços coloniais, tempo infinito da inadimplência com o mundo. [N.T.]

e criminalidade, mas também de refúgio, de experimentação comunitária e artística, de atos de afirmação tantas vezes realizados sem financiamento suficiente (Harney; Moten, 2013). Se, diante de tudo isso, ainda quisermos falar sobre um mundo comum ou compartilhado, devemos, com Jacques Rancière (2010, p. 33), falar sobre "a parte de quem não tem parte" – as pessoas para quem a participação nos comuns não é possível, nunca foi ou não é mais. Se quisermos falar sobre ter uma parte no mundo – não como na participação financeira, mas ter parte no patrimônio que é o mundo –, teremos de admitir que não temos uma medida igualitária para esse tipo de distribuição. Esse tomar parte seria uma forma de participação e pertencimento que não poderia ser medida por métricas econômicas e, certamente, exigiria uma medida para além delas. Pois não estamos apenas falando de recursos e empresas em cujas ações poderíamos obter participação, mas de um mundo comum, de um sentido do comum, de pertencimento a um mundo, ou sentido do próprio mundo como lugar de pertencimento. Isso não é o mesmo, penso, que uma luta por reconhecimento[5] no interior das coordenadas e categorias sociais existentes, mas algo que implica uma transformação fundamental de nosso entendimento do que é o valor. Como tal, é um modo de viver com o pressuposto de que a vida tem valor – para além do valor de mercado –, de que o mundo será estruturado para facilitar a prosperidade e de que isso acontece ou acontecerá em nome de todas as pessoas, e não apenas do indivíduo.

---

[5] "*Recognition.*" Ver nota sobre o termo "reconhecimento" e as escolhas de tradução no Capítulo 4. [N.T.]

Estamos, é claro, longe de qualquer ideia de um mundo comum. A pandemia, e agora a distribuição de vacinas, ilumina e intensifica as desigualdades raciais. Uma grande porção do sofrimento pandêmico se encontra aglomerado em algumas partes do mundo subjugado e colonizado, em comunidades racializadas. Nos Estados Unidos, pessoas racializadas apresentam três vezes mais chances de infecção que as brancas, e probabilidade de morte duas vezes maior.[6] As estatísticas não têm o poder de explicar como as coisas ficaram assim, mas podemos supor que uma das razões seja que, no interior do chamado mundo comum, tornou-se aceitável que a perda da vida negra não seja preocupante ou enlutável como a da vida branca (muitas vezes descrita simplesmente como "vida humana"). Com essas desigualdades estatísticas diante de nós, podemos mesmo nos perguntar: *que tipo de mundo é este em que tais estatísticas emergem?* Pode-se dizer várias coisas com uma pergunta dessas. A pergunta que fazemos pode ser: *a que versão da realidade essas estatísticas servem?*, ou: *que mundo é circunscrito pelas próprias estatísticas?* No entanto, mesmo quando, sob condições pandêmicas, desigualdades sociais e econômicas são trazidas à superfície de maneira mais completa, e mesmo com a exposição desses subcomuns vulneráveis, em crescimento, marcados pelo abandono, pela fugitividade,[7] por uma vida

---

[6] Ver "Hospitalization and Death by Race/Ethnicity", publicado pelo Centro de Controle e Prevenção de Doenças, frequentemente atualizado. Disponível em: http://bit.ly/3UiZuwO. Acesso em: 6 out. 2022.

[7] "*Fugitivity*", no inglês. Já está estabelecida a tradução por "fugitividade" nos textos que incorporam noções provenientes

experimental; mesmo assim, encontramos também um movimento de direção global que, ao que parece, é baseado em um sentido renovado e mais urgente de mortalidade. Esse sentido é acompanhado de outro, que é político, relativo a quem deve morrer em primeiro lugar, qual morte pode ser evitada, qual morte pesa ou importa.[8] Para quais viventes não existem proteções,

---

dos chamados *black studies* e de textos sobre o legado multifacetado das práticas de fuga (ou fugitivas, tradução adotada para "*fugitive*") no tempo da escravidão. Nesses estudos, "fugitividade" não se refere apenas ao deslocamento espacial ou geográfico, mas também à abertura de outras possibilidades de movimento, recuperação de uma mobilidade criativa e experimental contra as clausuras do colonialismo. Práticas fugitivas podem se dar em maior ou menor escala, no cotidiano, de formas sutis ou mesmo imperceptíveis ao olhar colonial, podem caracterizar uma comunidade, habitam o interior das instituições de maneira subversiva ou se encontram, simplesmente, em outro lugar – podem ou não resultar na formação de um quilombo. Ocasionalmente, "fugitividade" também traduz "*marronage*" (fugir para quilombos, quilombismo ou aquilombamento), esta igualmente metafórica em variados usos. Em última instância, fugitividade é necessidade imposta, porém abraçada e transformada em abertura para outras modalidades de estar-no-mundo contra a vontade policial dos governos, talvez mesmo para outros futuros. [N.T.]

[8] O verbo "*to matter*" apresenta certas dificuldades de tradução na língua portuguesa, ainda que seja traduzível pelo verbo "importar". No contexto filosófico, a tradução de "*matter*" é peculiar: quando substantivado, pode ser traduzido por "matéria", no sentido físico do termo e, também, no sentido figurado, remetendo a "questão", "assunto", "tópico de discussão" ou "objeto de estudo". Quando se trata do verbo "*to matter*", não existem correspondências diretas. A alternativa "importar" mencionada perde a raiz etimológica da palavra original, deixando opaca parte relevante da cadeia de sentidos evocados pelo termo no inglês. Butler consagra o uso desse verbo

promessas sociais ou infraestruturais de continuidade, nenhum sentido de uma vida com os apoios necessários para sua pervivência?[9] Agora, testemunhamos a distribuição global de vacinas e a realidade cruel dos países que ainda não viram uma dose sequer, por não terem como pagar.[10] O apelo na direção de um sentido global do mundo (supondo que este seja registrado, fenomenologicamente, por diferentes sentidos do global) é fortalecido por um problema imunológico comum, mesmo que este seja vivido de maneiras bem diferentes, dependendo de onde estamos ou de nossa posição social; isso se estivermos, realmente, em uma "posição" no interior do sentido de sociedade em operação.

---

com a expressão "corpos que importam" (*bodies that matter*), título de um de seus livros. Com a afirmação de que corpos *pesam* ou *importam*, a filósofa quer indicar que esses corpos têm *valor*; mas, também, que certos corpos claramente não têm tido esse *valor* reconhecido. Considerando que o corpo não existe sem as relações que estabelece com o que está fora, que seu modo de ser só é determinável conjuntamente às dinâmicas sociopolíticas que o envolvem, a analogia com o conceito de "peso" parece plausível, já que que estar vivo implica ter *valor*, o qual só pode ser apreensível e reconhecível pela relação que um corpo estabelece, e tem de estabelecer, com o meio social, histórico e natural que o envolve. Assim, o "peso" e a "importância" dos corpos refletem a necessidade de uma situação sustentável, em que existir e ser reconhecível constitui um contexto *vivível*. [N.T.]

[9] Ver nota sobre o termo "pervivência" e escolhas de tradução no Capítulo 3. [N.T.]

[10] Ver "Vaccine Nationalism & The Political Economy of the COVID-19 Vaccines", publicado pela Moldova Foundation no dia 9 de março de 2021. Disponível em: https://bit.ly/3TSGmW7. Acesso em: 5 set. 2022.

Etimologicamente, a pandemia é *pán-dēmos*, todo-o-povo, ou talvez, mais precisamente, o povo-em-todo-lugar, ou algo que atravessa e se espalha sobre e pelo povo. Estabelece o povo como algo poroso e interconectado. O *dēmos*, portanto, não é o conjunto de pessoas cidadãs de determinado Estado, mas todas as pessoas, não importando as barreiras legais que tentam apartá-las ou o seu estatuto jurídico. A pandemia opera por toda a extensão da população mundial, mas também aflige as pessoas como criaturas humanas que carregam uma suscetibilidade à infecção viral. "O mundo" implicado nisso é o todo-lugar, o *pán-*, um mundo costurado pelos fios da infecção e da recuperação, da imunidade, do risco diferencial, da morbidade e da fatalidade. Não há fronteira que impeça a viagem desses fios caso as pessoas viajem, não há categoria social que assegure uma imunidade absoluta. Não apenas isso, mas a farsa do poder que age como se algumas pessoas fossem imunes em virtude de seu poder social, ao jogar as precauções para o alto, acaba aumentando a vulnerabilidade à infecção, como vemos no caso do atual presidente brasileiro, e como, certamente, vimos em detalhes tétricos com o predecessor de Joe Biden na presidência dos Estados Unidos. A provocação "antivacina" intensifica sua suscetibilidade e seu risco de hospitalização, como vimos nos surtos das variantes delta e ômicron. É como se a pandemia insistisse no *pán-*, chamando a atenção para o mundo, mas ele continuasse se dividindo em zonas de exposição desigual. Assim, mesmo que tenhamos a tendência de falar do mundo como horizonte singular, ou mesmo que esperemos que a palavra "mundo" torne o horizonte parte da própria experiência, também dizemos "mundos" no plural para realçar a descontinuidade, as barreiras e as desigualdades, e sentimos que é imperativo assim fazer para descrever o mundo como ele é. Estranhamente, de maneira geral, não ouvimos sobre os *mundos do vírus*, mas é certo que isso poderia acontecer de modo provisório. Se tivesse mesmo ocorrido, teria sido uma indicação de que múltiplos horizontes-mundos estariam em operação, horizontes que nem sempre entrariam em fusão, como Hans-Georg Gadamer esperava; seriam horizontes assíncronos, limites-de-mundo, por assim dizer, configurados em meio a temporalidades diferentes, sobrepostas e divergentes, que não convergem por inteiro.[11]

Algumas pessoas pensam que devemos nos livrar dessa noção de mundo e adotar o planetário como um conceito incontestavelmente menos antropocêntrico. O planetário pode fornecer uma perspectiva crítica sobre mapas geográficos invariavelmente geopolíticos, cujas linhas são as conquistas dos vencedores, as fronteiras nacionais normalmente forjadas na guerra ou na colonização. Achille Mbembe (2019, [s.p.]) argumenta que "o político, em nosso tempo, deve começar do imperativo para reconstruir um mundo em comum". No entanto, ele diz, se considerarmos o saque dos recursos da terra para fins de lucro corporativo, de privatização e da própria colonização como projeto ou empreendimento planetários, então faz sentido que a verdadeira oposição – que não nos remete de volta aos nossos egos, identidades e barreiras – seja uma

---

[11] As elaborações teóricas de Hans-Georg Gadamer sobre "horizontes" de entendimento podem ser encontradas em *Verdade e método* (2013 [2011]).

forma de "descolonização [que] é, por definição, um empreendimento planetário, abertura radical do e para o mundo, *um respirar fundo* em nome do mundo e em oposição ao isolamento" (MBEMBE, 2019, [s.p.], grifo da autora). A oposição planetária à extração e ao racismo estrutural deve, portanto, levar-nos de volta ao mundo, ou deixar o mundo vir ao nosso encontro como que pela primeira vez, de modo que permita um "respirar fundo" – um desejo que conhecemos agora, caso já não tenhamos esquecido como desejá-lo.

É claro que há muitas formas de abordar a questão do mundo, incluindo os complicados debates contemporâneos sobre literatura "mundial".[12] Às vezes, encontramos distinções como literatura "europeia" e "mundial", como se o mundo fosse todo outro lugar fora da Europa ou do contexto anglo-americano. Em outras palavras, o centro do mundo ganha um nome local, enquanto todas as outras localidades da literatura são, precisamente, outras e, por consequência, o mundo. Vasto domínio sem nomes próprios, o mundo se torna outro lugar em relação aos centros de poder. Para fazermos um contraste, temos o importante trabalho da feminista descolonial María Lugones, que, em 1987, escreveu sobre "viajar-mundos", oferecendo uma explicação contraimperialista do movimento que, partindo do próprio mundo, vai até outro mundo para experimentar uma transformação direcionada a uma percepção mais amorosa da alteridade (LUGONES, 1987, p. 3-19). Esse trabalho já tem mais de 30 anos e continua

---

[12] Ver Prendergast (2004), Apter (2013), Danowski e Castro (2017 [2014]).

se endereçando a quem o lê ao redor do mundo, ao mesmo tempo que marca esses mundos separados, ressaltando o risco de desorientação que surge quando entramos em outro mundo, outra linguagem, outro campo epistêmico. Lugones sublinha a importância de deixar nosso campo epistêmico – nosso próprio sentido dos limites e da estrutura do mundo – virar de pernas para o ar, ser reorientado no decorrer de um encontro em que, no esforço de alcançar e apreender o outro, dispomo-nos a suspender ou perder as coordenadas do mundo familiar.

A pandemia trouxe essa oscilação entre mundo e mundos. Enquanto algumas pessoas insistem na intensificação de tudo que há de errado no mundo, outras sugerem que a pandemia nos abre para um novo sentido de interconexão e interdependência globais. Ambas as proposições são apostas que irrompem em meio à contínua desorientação do presente. A pandemia se distribui em ondas e surtos que se correlacionam, fenomenologicamente, à esperança e ao desespero. Não importa o quão localizados e diferenciados sejam os modos de registrá-la, para as pessoas ao redor do mundo, a pandemia continua a ser entendida como fenômeno, força, crise ou mesmo condição que se estende globalmente e que, pensada como condição do mundo presente, figura esse mundo (ou o entrega a nós) de maneiras bem específicas. Dito de outra forma, ninguém, não importa onde esteja, deixa de pensar sobre o mundo no momento. Embora algumas nações (como os Estados Unidos sob o governo de Donald Trump) tenham regredido a enquadramentos hipernacionalistas na compreensão do vírus e de seus efeitos, ou mesmo disputado com o resto do mundo o monopólio das vacinas, seus esforços sinalizam, ainda assim, um mundo interconectado de alguma maneira. E, ainda que algumas regiões pareçam ter escapado, por acaso, das piores devastações trazidas pelo coronavírus – ou ter contido seus efeitos por formas deliberadas de conduta social –, nenhuma delas, a princípio, está imune. Nenhuma região, nenhuma entidade fronteirizada,[13] ou melhor, nenhum corpo individual é, por definição, antecipadamente imune.[14] Isso porque uma pandemia nomeia a suscetibilidade global – um sofrimento em potencial que pertence à vida humana em sua relação imunológica com o mundo – que agora é parte do mundo e talvez continue sendo, por tempo indefinido. Quando o vírus se tornar endêmico, se tornará

---

[13] No inglês: "*bounded entity*", "*discrete body*". Ao longo do livro, as palavras "*bounded*", "*discrete*" e "*separate*" (apartada/o) são usadas para demarcar os modos como produzimos e reproduzimos, no decorrer da vida e nos processos de subjetivação, e especialmente por meio do imaginário liberal, linhas divisórias que mascaram a interdependência e a interpenetração que somos. O medo da porosidade e a paranoia com a alteridade, dentre outros afetos passivos – para usarmos um vocabulário espinosista –, são também formas de o reacionarismo de nossos dias negar, violentamente, o fato de o social fazer parte do que somos, viventes sociais, ser *com* e *para*. A escolha dos termos "fronteirizada/o", "individualizada/o", "apartada/o" e "separada/o" são tentativas de mostrar que há um esforço para sustentar a divisão artificial, ainda que presente em nossas vidas. [N.T.]

[14] Ver, por exemplo, o site Parasites Without Borders [Parasitas sem Fronteiras], onde encontramos um esforço didático, mas feito com seriedade, de fornecer uma educação científica voltada para quem tem o poder de aliviar o sofrimento onde quer que ele ocorra: https://bit.ly/3FcHz6B.

uma parte estável do mundo. E é interessante que não tenhamos um substantivo para isso: "uma endemia foi desencadeada no mundo" – não! Uma pandemia pode ser desencadeada assim, mas uma doença tida como endêmica se torna parte da própria textura do mundo, de sua experiência, e temos um novo sentido do mundo quando todo esse desencadeamento chega ao fim. Há um movimento do substantivo ao adjetivo, de uma condição temporária para um atributo permanente. Porém, ainda que a pandemia desapareça, o mesmo não acontecerá com a vulnerabilidade imunológica. Se odiamos o vírus por nos expor esse tipo de coisa, não podemos, por isso, concluir que a ausência dele erradicará a vulnerabilidade. Do ponto de vista imunológico, essa vulnerabilidade trazida ao primeiro plano se dá em função do fato de que, para qualquer organismo, o exógeno é parte dele: animais, incluindo os humanos, ingerem, absorvem, respiram elementos do mundo externo para viver. Nesse sentido, o corpo humano, para viver, nunca poderá se tornar impermeável ao exterior. Sua vida reside na interação com a exterioridade. Essa posição, articulada por coconstrucionistas como Thomas Pradeu, carrega implicações para o modo como pensamos o perigo.[15]

---

[15] Ver Pradeu (2012). Ele argumenta contra o enquadramento imunológico que, aceitando uma dicotomia eu/não eu, favorece uma tese continuísta. Essa tese dá ênfase a padrões e memórias reativos no sistema imunológico do organismo. Assim, a intrusão do mundo externo deixa impressões que ajudam a estruturar o organismo e sua capacidade de resposta. Pradeu sublinha o fato de que desafios imunológicos a esse sistema podem ser endógenos ou exógenos, e o que constitui um desafio é a ruptura com

O problema do vírus não é ser *estrangeiro*, mas ser *novo*, e é por isso que nossos sistemas imunológicos, ou a maior parte deles, não dispõem de uma forma pronta para reconhecê-lo, enfrentá-lo sem auxílio de vacinas e anticorpos (e linfócitos T) que o reconheçam. A tese coconstrucionista é de que o organismo é construído por seu ambiente, mesmo enquanto constrói, em resposta, o próprio ambiente (também encontramos uma versão dessa teoria no trabalho de Anne Fausto-Sterling, com importantes consequências que nos permitem reformular as implicações da distinção sexo/gênero para a distinção natureza/cultura).[16] O propósito da teoria coconstrucionista é menos diferenciar o que pertence e o que não pertence ao eu, e mais compreender o modo como o mundo externo é parte do corpo – como deve ser. Assim, o problema imunológico criado pela pandemia diz respeito à falta de preparação para o que não

---

relação aos padrões estabelecidos de interação. Desse modo, o problema não é a aceitação ou rejeição do estrangeiro, mas a criação de novos padrões de interatividade na sequência de desafios sem precedentes. Portanto, o vírus da covid-19 não é um problema de estrangeiridade, como fica implícito no discurso de quem o chama de "vírus chinês", mas sim a falta de precedentes. Como algo novo, ele demanda que nossos sistemas se tornem igualmente novos. Ver também Pradeu (2020), em que ele nos lembra que bactérias do mundo externo são parte de nosso funcionamento, como na digestão e no reparo de tecidos (p. 18). Ele também comenta que "defesa" não pode ser o traço definidor ou exclusivo de sistemas imunológicos, já que seu funcionamento depende não apenas de "constituintes heterogêneos" (p. 24), mas os exige para a integração do eu. Assim, essa integração só faz sentido como um conceito se a heterogeneidade for parte de sua própria definição.

[16] Ver, por exemplo, Fausto-Sterling (2012).

tem precedentes. É claro que, se não houvesse analogias entre esta e outras epidemias causadas por coronavírus, as vacinas de adenovírus teriam sido declaradas inúteis de partida. E as vacinas de RNA mensageiro (mRNA), que imitam a configuração e as espículas do vírus, produzindo um novo objeto-configuração para o sistema imune por meio de um simulacro salvador, são cruciais para o desenvolvimento da capacidade imunológica de identificar, reagir e lutar. Ambos os tipos de vacina dependem da possibilidade de reconhecimento e reação a uma estrutura semelhante. Nesse contexto, tanto a analogia como a imitação são fundamentais para fortalecer o sistema imune. Ao mesmo tempo, no entanto, esse sistema é desafiado não apenas pelo que vem de fora, mas, também, pelo próprio organismo, o que explica os ataques autoimunes, lançados pelo organismo contra si, serem o efeito inflamatório frequente de novas formas de infeção viral. Ressalto isso porque, no alvorecer da pandemia, o vírus foi representado, em matérias jornalísticas, como originário de um lugar, lugar "estrangeiro" – China, Brasil, África do Sul –, e descrito como um imigrante indesejável, que havia migrado para o corpo político sem a documentação necessária. Neste momento, por exemplo, fala-se da saúde pública no interior dos Estados Unidos como se estivesse em perigo por causa desse estrangeiro. Essa foi, e permanece sendo, mais uma analogia relativa à imigração no interior de um imaginário nacionalista, e menos um modelo imunológico do qual todas as pessoas poderiam depender. Enfatizo isso porque, como sabemos, o organismo não pode sobreviver sem ingerir ou pôr elementos estrangeiros para dentro.

Pode ser tentador concluir que a condição autoimune do organismo represente um risco mais intenso que qualquer coisa estrangeira. Mas, quando aceitamos o modelo coconstrucionista e sua inserção do estrangeiro no coração do organismo vivo, assim como a prioridade que dá à interação entre mundo e corpo – como aspecto da própria vida do corpo –, a questão deixa de ser a defesa contra o estrangeiro, pois isso seria fatal. No lugar disso, surge outro objetivo, que é transformar as interações do corpo para que ele possa viver e acomodar o novo sem correr o risco de ser debilitado ou morrer.[17] O mundo não está aí como mero pano de fundo para a ação humana ou como campo de sua intervenção; diariamente, pedaços dele são incorporados no próprio corpo, o que sugere uma conexão vital entre corpo e mundo. Os efeitos disso podem ser devastadores quando o ar tóxico afeta e deteriora os pulmões, quando o chumbo na água se integra aos ossos, quando venenos ambientais entram no corpo, em seus tecidos e ligamentos, colocando tudo em risco. Assim, não se trata de negar o ambiente externo – isso

---

[17] De acordo com Pradeu (2020, p. 4), "a imunidade tem sido compreendida, historicamente, como capacidade do organismo de se defender contra patógenos, e esses mecanismos defensivos imunológicos têm sido identificados em todas as espécies existentes. Argumento, portanto, que o sistema imunológico não pode ser reduzido às suas atividades de defesa, e encorajo uma visão expandida da imunidade". E ele sustenta também que "as complexidades envolvidas na explicação da evolução dos processos imunológicos, e na atribuição de uma única função para o sistema imune", sugerem que a defesa seja apenas um dos fatores de algo mais complexo, de um processo caracterizado pela descontinuidade entre suas funções.

é impossível. A ideia é limpar o ar e a água de toxinas para que tudo que é vivente possa depender deles sem medo de consequências fatais.

★★★

Podem me chamar de lucreciana à vontade, mas não seremos capazes de entender a vulnerabilidade compartilhada e a interdependência sem reconhecer que passamos a outras pessoas o ar que respiramos, que compartilhamos as superfícies do mundo e que não podemos tocar sem sofrer o toque.[18] Perdemos de vista essa sobreposição e essa reciprocidade quando, para dar um exemplo, esquecemos que sofrer uma infecção

---

[18] Aqui, temos a primeira ocorrência de um par categórico importante para o desdobramento do livro, que vem desde a filosofia aristotélica: *poieîn* e *páskhein*, ação e paixão, ou ação e sofrer ação, dois modos de ser (*Metafísica*, 1017a26; *Categorias*, 11b1). Esse par será fundamental para o estoicismo que tanto influenciou Espinosa, referência para Butler: agir ou sofrer ação será o próprio critério da corporeidade, sendo corpo o que age ou o que sofre a ação de outro corpo. Por isso, a opção por "tocar" e "sofrer o toque". Ao longo do livro, e a partir da fenomenologia (especialmente de Merleau-Ponty), a separação rigorosa entre agir e sofrer passará por uma crítica importante para a obra de Butler. Por fim, "paixão" (*passion*) também remete a esse contexto filosófico, o que explica a aparição do termo em elaborações que pouco têm a ver com sentimento ou se apaixonar – trata-se de *páthos* como um sofrer a ação, qualquer ação, uma passividade que, pensará Butler, nunca é inteiramente passiva. A crítica à categorização e à ontologia aristotélicas aparece de maneira explícita no Capítulo 2, seção "Os futuros do mundo da vida", com a impossibilidade de separar nítida e rigorosamente passividade e atividade na dimensão do tangível. [N.T.]

e se tornar contagiante são coisas interligadas. O que acontece a mim acontece a outra pessoa, ao menos potencialmente. Essa conexão entre nós pode ser fatal, mas também pode, é certo, apoiar a vida. A pandemia revira nosso sentido normal do eu fronteirizado, colocando-nos como seres relacionais, interativos, refutando as bases egológicas e do interesse próprio da ética.

Busco a fenomenologia, em especial o trabalho de Max Scheler, para entender melhor essa instância da linguagem ordinária a que fiz referência: uma questão que, agora, é posta com frequência, em situações de angústia ou surpresa, é: *que tipo de mundo é este em que algo assim pode acontecer!?*. Mas, antes, deixe-me fazer alguns comentários preliminares sobre os contextos dessa enunciação. Ela pode aparecer porque vivo os efeitos de um regime que, sem qualquer hesitação, destruiu de modo rotineiro instituições democráticas; ou porque minha região está submetida, como resultado de alterações climáticas, a incêndios massivamente destrutivos; ou porque supremacistas brancos estão em ascensão, reunindo-se nas proximidades ou no campus universitário; e porque isso tudo acontece no contexto de uma pandemia, que segue avançando e atacando diferentes regiões, afetando diferentes populações depois de períodos de inatividade temporária. Gostaria de sugerir que a pergunta *que tipo de mundo é este?* busca entender o mundo em que tal vírus pode emergir. Não é só o vírus que é novo, pois o mundo agora é mostrado ou desvelado como um tipo de mundo que difere do que pensávamos (para quem, por exemplo, não sofreu com o vírus ebola em um passado recente). Um aspecto do mundo é transformado pela emergência do vírus e seus efeitos. É claro, jamais argumentaria que o que surge agora é toda uma nova ideia do mundo, até porque pandemias já ocorreram antes, e o mundo sempre foi um lugar em que pandemias poderiam acontecer; ao menos é o que tem parecido há vários séculos. Estou apenas sugerindo que algo na pandemia nos leva a reconsiderar o mundo como objeto para um exame minucioso, a registrá-lo como motivo para ficarmos alertas, a marcar o fato de que sua versão atual não foi antecipada e a vê-lo como algo que, de forma repentina, passou a comportar um novo tipo de opacidade, a impor um novo grupo de constrangimentos.

Ludwig Wittgenstein escreveu que não devemos confundir nossa vontade com o mundo dado, refutando, implicitamente, a recomendação schopenhaueriana para entendermos o mundo como representação. No *Tractatus logico-philosophicus* (de 1921), Wittgenstein escreveu algo que facilmente poderia ser lido como álibi para o quietismo e o positivismo (1999 [2001], 6.43): "se a boa ou má volição altera o mundo, só pode alterar os limites do mundo, não os fatos; não o que pode ser expresso pela linguagem". Naquela época, ele pensava que a lógica da linguagem mantinha uma relação mimética com a estrutura da realidade (posteriormente, ele adotaria uma noção da linguagem como jogo e forma de vida). Nossa vontade tem o poder de mudar *os limites* do mundo, aquilo que podemos pensar como horizonte no interior do qual o mundo aparece, suas fronteiras definidoras. De acordo com esse entendimento, algo sobre o mundo pode ser representado pela linguagem de modo inédito, o que significa que, como um todo, o mundo aparece como se fosse diferente ou "crescesse", no sentido de que a estrutura da realidade se mostra outra. Quando nossa vontade, quando um querer específico consegue deslocar os limites do mundo, ele se torna algo novo. A afirmação seguinte indica que esse crescimento do mundo "como um todo" não é efeito ou representação de nossa volição, mas, de fato, sua revelação como algo diferente do que pensávamos. Nosso querer pode ter tornado possível essa revelação, mas o que se mostra depois, o que vem a aparecer, não é simples efeito de nossa vontade; é um sentido mais novo de mundo, talvez um mais novo mundo. Assim, Wittgenstein não está falando sobre um sentido único que vincula toda a humanidade viva, mas de sentidos consecutivos de *mundo* que se sucedem no tempo ou que são, supostamente, distribuídos, no espaço, ao redor do planeta. De fato, quando o mundo permite um novo sentido, de um tipo que altera seus limites, ele mesmo se torna outro. Não é mais aquele em que pensávamos viver. Nesses casos, os limites do mundo agora constituído são deslocados, o que significa que ele se transforma em algo novo. Wittgenstein põe nestes termos (1999 [2001], 6.43): "Em suma, o mundo deve então, com isso, tornar-se a rigor um outro mundo. Deve, por assim dizer, minguar ou crescer como um todo". Logo em seguida, talvez para exemplificar essa afirmação, talvez apenas oferecendo algo tangencial, ele escreve (6.43): "O mundo do feliz é um mundo diferente do mundo do infeliz". Aqui, a sugestão é que a felicidade é um tipo de coisa, como a vontade, que pode deslocar os limites do mundo. A infelicidade também, pois o mundo se mostra diferente dessa perspectiva. É o todo do mundo que está implicado na felicidade ou infelicidade.

Quando nos perguntamos *que tipo de mundo é este em que uma pandemia assim pode ocorrer?*, o que notamos, precisamente, é essa forma de deslocamento. Encontramo-nos, por assim dizer, no limite do mundo que conhecíamos, e nossa interrogação se dá diante do precipício. Ao colocarmos essa pergunta sobre o mundo, tomando-o como nosso objeto, vendo que ele nos tomou de uma nova maneira, não mais o conhecemos, reconhecendo que algo se revelou para nós, que desloca nosso entendimento sobre o que é o mundo e sobre como seus limites são definidos e registrados. Pode ser que tenhamos nos movido pelo mundo sem compreender que ele poderia ser o lugar em que entraria em cena, por um encontro fortuito, uma infeção viral potencialmente mortífera. Ou talvez tivéssemos esse conhecimento, mas imaginávamos que fosse algo que só ocorria em outros lugares. Agora que sabemos que o mundo pode ser um lugar assim (e quem viveu com epidemias certamente sabia disso, mas, talvez, não soubesse que seria logo este lugar), temos dele um sentido diferente. Pode não ser um novo mundo, um novo tempo, mas a demonstração de algo que sempre esteve latente, que apenas parte de nós encontrou. Nesse sentido, algo é mostrado como uma feição do mundo, e não como efeito de nossa percepção. Esse algo afeta nossa percepção em geral, e talvez mesmo, de um jeito irreversível, nossa percepção do mundo.

 O mundo que o vírus revela ou faz manifestar com maior clareza – e que permeia de modo desigual – não pode ser comunicado, adequadamente, por mapas ou gravuras, pois se trata de algo que só se mostra no decorrer da circulação viral e seus efeitos. É claro, podem nos mostrar imagens gráficas do vírus com suas espículas e coroa azulada, e, quando essas representações inundam nossas telas, substituem, imóveis, uma condição viral que não podem representar de modo adequado. Elas estão mais para uma logomarca do vírus, análoga a um comercial da Disney. As imagens funcionam como formas gráficas abreviadas que removem o vírus do tempo veloz e invisível de sua ação e circulação, borrifando cores e refinando suas espículas para mostrar uma coroa, dando força a um sentido grosseiro de soberania. Ainda que, sem qualquer sombra de dúvida, os mapas e gráficos cotidianos que visam produzir uma imagem do mundo viral sejam úteis, eles fornecem um entendimento distorcido do caráter pandêmico do vírus em virtude de sua forma pictórica. Martin Heidegger (1977, p. 129) afirmava que a "visão de mundo" [Weltbild] não é uma imagem do mundo, mas o mundo concebido e capturado como imagem. Ele questionou se o mundo poderia ou deveria ser concebido dessa forma e o que significava sua substituição por imagens. E destacou que o sujeito que se encontra diante de uma imagem assim não apenas tenta capturar essa versão visual do mundo em sua totalidade, mas também se encontra isento do mundo que busca conhecer (HEIDEGGER, 1977, p. 132-134). Às vezes, encontramos essa presunção em operação na mídia, o que nos consola pelo pressuposto de que não somos parte da imagem que vemos. Mas, ainda assim, o esforço de capturar o vírus em termos gráficos ou pictóricos não assegura a imunidade do sujeito da percepção. Estamos na imagem que vemos; e a distância que se estabelece no espetáculo nega, ou ao menos suspende, o que significa nossa implicação no fenômeno que tentamos conhecer.

Mas será que, no entanto, esse sentido de implicação muda ao entendermos o mundo viral – ou o sentido do mundo dado pelo vírus – como algo pertinente ao toque e à respiração, à proximidade e à distância, como algo que opera de maneiras invisíveis em sua produção de efeitos existenciais? Parte do que o torna assustador é o fato de não podermos vê-lo, em nosso dia a dia, sem instrumentos tecnológicos bem poderosos, e a maioria de nós não consegue entender seu funcionamento sem uma tradução popular dos campos da epidemiologia e imunologia. A grande maioria é abandonada às inferências angustiadas. Você pegou o vírus? Onde ele está? Como você sabe disso? Ficamos tentando compreender o caráter inédito e complicado dessa pandemia nos termos de nosso cotidiano. E tudo isso se torna mais difícil quando governos e ministérios da saúde mudam de posição ou acabam influenciados por considerações políticas e econômicas. Também sabemos que o que devemos entender nos implica, junto ao resto das pessoas, existencialmente; ou seja, nosso conhecimento sobre a pandemia é matéria de vida e morte – um deslocamento em nosso próprio entendimento de mundo.

Qual campo de estudos tem "o mundo" como seu objeto? Poderíamos argumentar que seja a geografia, a astronomia, a literatura mundial, a teoria dos sistemas, a ciência ambiental. Como alguém formada em filosofia, sou levada de volta à fenomenologia, ou talvez impelida a levá-la adiante no esforço de compreender o fenômeno da pandemia como algo que mostra um sentido de mundo, ou um mundo que, ao menos em parte, é-nos dado pelos sentidos.

Capítulo 1
# Sentidos do mundo: Scheler e Merleau-Ponty

Tradução de Luís Felipe Teixeira e
Nathan Teixeira

Um texto que considera essa repentina demonstração do mundo de maneira nova é "Zum Phänomen des Tragischen",[1] publicado por Max Scheler na Alemanha, em 1915, mesmo ano em que Sigmund Freud publica os seus *Escritos sobre a guerra e a morte* (1918 [2020]) e o segundo ano da Primeira Guerra Mundial. O texto pertence ao domínio da pesquisa fenomenológica, que toma como seu objetivo o estudo do campo de aparecimento. Mas ele trabalha de forma heterodoxa com a fenomenologia husserliana, afastando-se

---

[1] A respeito do ensaio de Scheler, sua versão em inglês mais acessível é "On the Tragic", em: COFFIN, Arthur B. (Ed.). *The Questions of Tragedy*. San Francisco: Edwin Mellen Press, 1991. p. 105-126. No entanto, as citações neste capítulo são do mesmo ensaio, publicado como SCHELER, Max. On the Tragic. Translated by Bernard Stambler. *Cross Currents*, v. 4, n. 2, p. 178-191, 1954. Minhas traduções diretas do alemão foram retiradas de "Bemerkungen zum Phänomen des Tragischen", em: SCHELER, Max. *Vom Umsturz der Werte: Abhandlungen und Aufsätze*. Franke Verlag, 2007. p. 277-302. (Gesammelte Werke, 3.)

de quem centra a análise fenomenológica no sujeito e na questão: o que um sujeito sabe, e como pode saber o que sabe. Edmund Husserl tinha aberto um debate que se tornou mais forte na década de 1930 até a de 1950, sobre se as correlações entre os mundos subjetivo e objetivo (chamados correlatos noético e noemático) deveriam enfatizar um polo em vez do outro. Existe um sujeito transcendental que constitui o mundo a partir de suas próprias estruturas *a priori*, ou o mundo se impõe à nossa percepção de maneiras que sugerem que o ego e o sujeito são, na realidade, supérfluos? O filósofo belga Ludwig Landgrebe argumentou de maneira eficiente, na primeira edição da revista *Philosophy and Phenomenological Research*, em 1940, que o sujeito é a origem constitutiva do mundo e que constituir o mundo não é o mesmo que o tematizar (LANDGREBE, 1940, p. 38-58). Apesar de cada pessoa nascer em um mundo já constituído, a fenomenologia nos pede para colocarmos esse mundo entre parênteses, à medida que perguntamos pelas suas origens. A questão da origem do mundo não é, para Landgrebe, uma questão de causalidade ou de criação, mas, antes, de constituição, e para isso é preciso que exista um horizonte, uma linha ou limite dentro do qual o mundo aparece. O que é mundano, isto é, aquilo que pertence ao ou que é *do* mundo, aparece dentro de um horizonte pré-dado, ao mesmo tempo que precisa ser constituído como um aparecimento por meio de uma subjetividade transcendental. Landgrebe podia não ter Scheler em mente, uma vez que, em 1937, Jean-Paul Sartre já tinha levado adiante sua proposição de transcender completamente o ego, e, mesmo antes, vários husserlianos, tais como Aron

Gurwitsch, estavam discutindo que talvez não existisse ego transcendental ou sujeito, mas apenas, na melhor das hipóteses, um campo transcendental (SARTRE, 2004 [2015]; GURWITSCH, 1996). Em suas *Lições para uma fenomenologia da consciência interna do tempo*, Husserl afirmava que o mundo aparece como válido para uma consciência por meio de uma série de passos, uma temporalização (*Zeitigung*) (HUSSERL, 1964, p. 98-128 [1994, p. 99-120]). Consequentemente, e de modo subjetivo, o mundo toma forma como válido para nós apenas dentro de um horizonte temporal e, assim, como uma sucessão temporal. O poder da consciência de constituir o mundo não cria nem estabelece o mundo, mas responde à questão: *sob quais condições o mundo aparece para nós de tal forma que possamos conhecê-lo?* Por meio de qual sequência temporal, e em relação a quais atos de conhecimento? Em outras palavras, a doutrina fenomenológica da *constituição* não é tanto uma presunção idealista, mas uma investigação sobre como o mundo aparece e, em sua condição de ser-dado, toma forma de maneiras válidas. Porque não é suficiente apontar o mundo como horizonte dado de experiência e conhecimento. Se ele é dado, torna-se dado por meio de um conjunto de processos e atos que de maneira alguma disputam ou minimizam seu caráter de ser dado, sua objetividade – mesmo o que é objetivo precisa aparecer de alguma maneira para ser conhecido.

Escrevendo 25 anos antes, Scheler fora profundamente influenciado por Husserl, mas não estava convencido de que a filosofia husserliana fosse compatível com a realidade objetiva, incluindo os atributos objetivos do mundo. O ensaio de Scheler aborda o trágico como um tipo de fenômeno que pode ser tratado em si mesmo. Ele tem o estatuto objetivo de um feixe noemático, como diriam os husserlianos. O trágico, no entanto, não é primariamente constituído pela consciência humana ou por atos de projeção ou interpretação, nem mesmo é resultado direto de ações humanas. Dessa maneira, Scheler oferece um meio para pensar sobre o trágico que parte claramente de um entendimento aristotélico de ação trágica, segundo o qual um conjunto terrível de consequências se desdobra de acordo com regras de verossimilhança e probabilidade. O trágico, para Scheler, não é regulado por regras. Estranhamente, não é encontrado em personagens de uma peça nem como um problema exclusivamente estético; não define um gênero nem um personagem que tem falhas, derrubado por cegueira ou fraqueza moral. O texto de Scheler surpreende ao sugerir que consideremos o trágico como um modo de o mundo se mostrar. Sim, o trágico aparece em virtude dos eventos humanos, porém não mostra a especificidade do humano. Em vez disso, é um atributo do mundo, uma de suas qualidades. "O trágico", ele escreve,

> [...] acima de tudo, é uma propriedade [*ein Merkmal*] que observamos em eventos, destinos, personagens e coisas assim, e o que efetivamente existe nelas. *Poderíamos dizer que o trágico é um hálito pesado e frio*, ou se parece com um cintilar obscuro que as circunda [*ein schwerer, kuehler Hauch, der von diesen Dingen selbst ausgeht*]. No trágico, um atributo específico da composição do mundo [*Beschaffenheit der Welt*] aparece diante de nós, e não uma condição de nosso próprio ego, nem as suas

emoções, nem a sua experiência de compaixão e medo (SCHELER, 1954, p. 178, grifo da autora).

Se havia dúvida de que seu ensaio poderia dialogar conosco em tempos pandêmicos, considere que, em adição à respiração densa, o trágico depende de emanações aeróbicas que vêm de outro lugar, assim como o vírus – levando a especular se o trágico teria caráter viral, movendo-se e nos cercando, como faz o vírus. É um respirar profundo que entrega algo, e alguns traços aeróbicos persistentes são aparentemente iluminados por um tipo especial de luz.

Embora Scheler tenha procurado estabelecer a objetividade de uma ampla variedade de fenômenos que penso não serem plausíveis, incluindo "uma hierarquia de valores", acho interessante que esse termo, *o trágico*, tenha uma aura objetiva em sua escrita. Apesar de o trágico acontecer em virtude de eventos, não é ele mesmo um evento. No máximo, na explicação de Scheler, é uma categoria sob a qual certos tipos de experiência são reunidos. Ele chama nossa atenção para uma formulação relativamente simples: "para pertencer à categoria do trágico, algum valor tem de ser destruído" (SCHELER, 1954, p. 180). Entendo que o tipo de valor destruído no "trágico", demonstrado pelo "trágico", seja um tipo difícil de imaginar como destrutível. Que valor é esse? Ou como pode esse conjunto de valores ser circunscrito? O trágico não é o mesmo que uma tristeza que conhece e nomeia aquilo que entristece. Quando falamos sobre o luto trágico, na visão de Scheler, trata-se de algo que "contém uma compostura definitiva" ou um senso de paz (SCHELER, 1954, p. 182). E, de maneira importante, estende-se *para além do horizonte* do mundo – uma formulação que se distancia da filosofia de Husserl. O trágico é menos uma consequência de nossas próprias ações do que o resultado de algo chegando de fora e, subsequentemente, permeando a alma – expressão de Scheler. Mesmo quando é ocasionado por *eventos* – o que vem a ser entendido como eventos trágicos –, o trágico nunca pode ser reduzido ao evento no qual é ocasionado; ele persiste, em vez disso, como um tipo de atmosfera (*geistige Atmosphaere*) na qual acontece uma destruição vigorosa e inevitável de um valor (SCHELER, 1954, p. 182). Dessa maneira, apesar de o evento trágico ser uma ocasião para o trágico, algo mais é mostrado, nomeadamente, um conjunto de componentes que, tomados juntos, constituem "a própria natureza do mundo [*Wesen der Welt*]". Esses são os componentes, escreve Scheler, que "tornam tal coisa possível" (SCHELER, 1954, p. 182). Em outras palavras, o evento mostra algo sobre o mundo: o evento é a sua ocasião, mas o mundo é de uma só vez sua condição e o fenômeno ele mesmo: "o trágico está sempre preocupado com o que é individual, singular, mas, ao mesmo tempo, com a construção do mundo em si mesmo [*eine Konstitution der Welt selbst*]" (SCHELER, 1954, p. 182; 2007, p. 278). Portanto, claramente não é o caso, para Scheler, de o mundo ser constituído por um sujeito transcendental, nem mesmo no sentido restrito oferecido por Husserl. Antes disso, em uma ocasião de grande perda ou destruição de uma coisa ou pessoa valiosa – ou, talvez, de maneira mais precisa, de algum valor que eles sustentem –, o trágico emerge não apenas como luto pelo que foi perdido, mas também como choque ou aturdimento de que esse é o tipo de mundo em que um evento como esse pode acontecer.

A minha aposta é que Scheler nomeia esse sentido de trágico no fragmento exclamatório "que tipo de mundo é este no qual tal coisa pode acontecer!"; não apenas *esse* evento, *essa* perda, ou a destruição *desse* valor, mas o mundo no qual uma destruição como essa é ou se tornou possível. A aposta do antissubjetivismo intenso de Scheler é que no evento trágico, ou através dele, "somos diretamente confrontados com a condição definitiva da composição de mundo [*Weltbeschaffenheit*] sem deliberação ou qualquer espécie de 'interpretação'" (SCHELER, 1954, p. 182). Aqui está a versão mais extensa do seu argumento:

> Isso nos confronta com o próprio evento; o trágico não é resultado das coisas que o suscitaram, mas se liga ao evento apenas de forma momentânea e independente dos elementos que o compõem. [...] Existe uma profundidade causada pelo fato de que sua matéria é dupla. De um lado, há o aspecto do evento como aquilo que se apresentou para nós. De outro lado, o aspecto da constituição mundana [*Weltkonstitution*] como exemplo do evento, para a qual o evento não é nada mais do que exemplo. O luto parece se derramar sobre o evento em um espaço ilimitado [para além do horizonte do mundo]. Não é um universal, uma constituição-de-mundo [*Weltkonstitution*] abstrata que seria a mesma em todos os eventos trágicos. Ao contrário: trata-se de um aspecto definitivo e individual da construção do mundo [*Konstitution der Welt*]. A matéria mais remota do trágico é, sempre, o mundo nele mesmo, o

mundo tomado como um todo que torna tal coisa possível. Esse "mundo", em si mesmo, parece ser o objeto imerso em pesar (SCHELER, 1954, p. 182; 2007, p. 278).[2]

O texto sugere, precisamente, que a questão não é dizer: "oh, a perda desta ou daquela vida não é importante, mas apenas a perda de um sentido de *mundo* no qual aqueles eventos continuam inimagináveis". Não, o que está em jogo são a vida e o mundo no qual uma vida como essa tem vivido. As duas coisas de uma vez só. É o movimento entre uma e outra. O pesar, na verdade, move-se entre a vida e o mundo, o evento da perda, singular e irreversível, e o mundo, imerso em pesar, agora em sua inteireza irrepresentável. De certa maneira isso é verdade na medida em que as histórias de perda se sobrepõem: o celular no hospital como único contato possível; ter a entrada barrada na porta do hospital; a impossibilidade de chegar a um hospital ou conseguir ser internado. São histórias que se referem a esta e aquela perda, cada uma delas bastante específica; no entanto, à medida que o modo de referência se

---

[2] Neste capítulo, a autora faz referência a três termos que foram traduzidos por "*makeup*" nas versões em inglês do ensaio de Max Scheler: "*Weltbeschaffenheit*" (aqui traduzido por "composição de mundo"), "*Wesen der Welt*" (natureza do mundo) e "*Weltkonstitution*" (constituição do mundo, constituição mundana). Ao comparar a tradução com o original em alemão, Butler procura destacar a importância do genitivo presente em um quarto termo: "*Konstitution der Welt*" (constituição/ construção *do* mundo), de forma a alterar o significante (*constituição – construção*), indicando que, para além da constituição fenomenológica, é a própria construção do mundo que está em jogo na filosofia trágica de Scheler. [N.T.]

repete nesses momentos, emerge um mundo em que a perda é iminente, ou talvez a sua atmosfera ambiente se torne – ou ameace se tornar – o ar em si mesmo, ou a própria maneira como o ar é registrado aqui e agora. Respiramos, e isso significa que estamos vivos em algum sentido. Mas, se o luto potencial e atual está no ar que respiramos, então, agora, a respiração se torna meio de passagem para o vírus e para o luto que algumas vezes se segue, assim como para a vida que sobrevive.

No entanto, Scheler sugere que, com o trágico, algum valor bastante positivo é destruído. Que valor é esse? Quais são esses valores? Um deles é o toque. Outro é a respiração. E, além deles, as superfícies e as clausuras complexas do mundo – a infraestrutura de habitação, figurada tanto como abrigo e refúgio quanto como claustro potencialmente perigoso. Estou longe de dizer uma novidade quando reivindico, de forma normativa, que as superfícies do mundo e o ar que respiramos funcionem como apoio para a vida ela mesma. Sob condições pandêmicas, os próprios elementos dos quais dependemos para viver carregam o potencial de tirar a vida: começamos a nos preocupar com o toque alheio, respirar o mesmo ar, certa proximidade inesperada, os gritos altos de alegria emanando de uma pessoa desconhecida, dançar perto demais. Tudo isso é uma chatice, algo que nos joga para baixo, um tipo contínuo de pesar que aflige todas as articulações da socialidade.[3] Tomando

---

[3] "*Sociality*" – A escolha pelo termo busca estabelecer uma diferença entre os termos "socialidade" e "sociabilidade" (*sociability*), de uso mais frequente nas traduções para o português. Embora sejam sinônimos, o termo "socialidade" concede uma ênfase mais ampla à forma como a sociabilidade se exerce. [N.T.]

Scheler como ponto de partida, então, quero questionar mais sobre como viver uma vida sob tais condições e, de maneira mais geral, questionar sobre as condições de uma vida vivível. É como se os requisitos básicos para a vida tivessem sido explicitados, e passamos a ter mais atenção às formas mais fáceis e menos autoconscientes do toque e da respiração do que, talvez, tivéssemos antes. Perdemos os tipos de proximidade que valorizávamos; perdemos o contato, a tatilidade enquanto sentido e conexão. Retrocedemos para dentro das fronteiras – quando nós as temos e podemos arcar com elas – da pessoalidade, das fronteiras espaciais e da esfera doméstica, da órbita da vizinhança, ao mesmo tempo que o valor da intimidade extradoméstica e da socialidade é perdido, que perdemos o contato pelas distâncias que nos são impostas.

Sem dúvidas, temos sentido falta desta ou daquela pessoa amada, ou deste ou daquele tipo de reunião, mas a constrição do horizonte também delimita o que chamamos de mundo. Assim, talvez o problema não seja apenas aquilo que Scheler especifica como trágico – o mundo no qual tal ameaça e destruição viral é possível –, mas também a questão da vida: *o que significa viver como uma criatura viva, uma criatura entre criaturas, uma vida entre processos vivos, sob condições como essas?* Ele menciona um tipo de culpa que é associada ao trágico, mas não é uma culpa que remeta às ações do indivíduo. É um sentido de responsabilidade que emerge, aparentemente, a partir da estrutura do próprio mundo, a partir do fato de que somos pessoas responsáveis umas pelas outras, mesmo que não possamos nos ter como pessoalmente responsáveis por criar as condições e os instrumentos para ferir. "O trágico consiste – ao menos nas tragédias humanas – não simplesmente na ausência de 'culpa', mas sim no fato de a culpabilidade não poder ser localizada", escreve ele (Scheler, 1954, p. 187). Na verdade, o sentido de trágico aumenta à medida que se torna impossível localizar com precisão a imputabilidade pelos eventos.

As restrições são, com certeza, ocasiões para novas experimentações – comunidades de cuidado não vinculadas pela esfera doméstica – que estabelecem o parentesco para além da família nuclear e normativa. Mas também existe o sentido de que uma economia relativamente estagnada deu ao meio ambiente a chance de se renovar e de se reparar, mesmo que muitas pessoas tenham feito encomendas que costumam ser embaladas com plástico. Pessoas estranhas têm se tratado não só com paranoia, mas também com uma solicitude notável. Movimentos sociais, como o Black Lives Matter [Vidas negras importam], têm tomado as ruas de máscara e atuado de maneiras suficientemente responsáveis para que nenhum pico do vírus seja associado a suas ações impressionantes e contínuas a favor da justiça racial e econômica.[4] Onde vivo, a defesa de um serviço de saúde com cobertura nacional nunca pareceu tão forte; a possibilidade de ouvir a defesa de uma renda mínima nacional e de um sistema unificado de saúde é agora maior que antes. Ideais socialistas estão sendo renovados.

---

[4] Conferir https://blacklivesmatter.com/; bem como *Making All Black Lives Matter: Reimagining Freedom in the Twenty-First Century* (Oakland: University of California Press, 2018), de Barbara Ransby, e *Purpose of Power: How We Come Together When We Fall Apart* (New York: Penguin Random House, 2021), de Alicia Garza.

E os movimentos para abolir as prisões e cortar o financiamento da polícia não são mais sonhos ilusórios "malucos", como oponentes poderiam afirmar, mas são abertamente debatidos em conselhos municipais e por autoridades regionais, seguidas de ações concretas para encontrar alternativas às instituições carcerárias violentas. E existe alguma forma de luto e solidariedade que cruza as linhas sociais e econômicas que recorrentemente tendem a separar as criaturas humanas umas das outras e a lhes impor hierarquias de valores. Quem insiste em negar a morte, a perda, as formas atordoantes de desigualdade econômica e social perde poder à medida que um número crescente de pessoas é vacinado e aceita o uso de máscara como obrigação da vida pública.

A condição pandêmica nos conecta, estabelecendo laços tanto precários quanto persistentes. A métrica que nos diz quais vidas valem ser protegidas e quais não valem está lá para ser vista, para que a ela seja feita oposição, assim como a métrica que estabelece como aceitáveis os níveis de morte – universidades e empresas se comprometeram com elas, mesmo que neguem tê-lo feito. Escolas e universidades abriram as portas durante os picos pandêmicos com base em um cálculo que determinava que apenas um número limitado de pessoas adoeceria e morreria. Existe sempre uma população dispensável quantificada em tais equações. Sempre existem pessoas que podem ser sacrificadas para fazer com que tais equações funcionem. E tais decisões de abertura em meio a picos pandêmicos tornam, indiretamente, as pessoas racializadas um alvo, assim como as idosas, as que têm condições de saúde preexistentes, as pobres, as que moram na rua, aquelas com deficiências e as encarceradas, incluindo as detidas na fronteira ou submetidas a campos de detenção superlotados. Em oposição a todas essas formas de destituição, existem mobilizações novas e renovadas, e elas talvez estejam ganhando força e número. Cada uma delas se espanta com o mundo como é atualmente constituído e se empenha em constituir um tipo diferente de mundo. Todavia, não está completamente dentro dos seus poderes fazer o mundo de uma nova maneira, pois a ação humana não está em seu centro. Mas um mundo mais novo de fato emerge, uma vez que são estabelecidas as condições e os limites para a ação humana. Apenas então a destruição climática poderá ser revertida, e os vínculos éticos entre nós colocam os limites para o autoengrandecimento e os cálculos econômicos que permitem tornar dispensáveis as pessoas em vulnerabilidade.

A pergunta *que tipo de mundo é este?* é provocada por outra: *como vamos viver nesse mundo?* E, então, talvez se siga um conjunto adicional de perguntas: dado esse mundo, o que causa e possibilita uma vida vivível? E o que causa e possibilita um mundo habitável? Pois, se questionarmos radicalmente o mundo no qual a destruição de valores básicos está acontecendo, se esse mundo provoca a volta a certa linha de questionamento, é por uma desorientação ética bastante séria. Uma razão para exclamarmos sobre o mundo da maneira como fazemos, agindo como se este mundo nunca estivesse incluído em qualquer ideia possível de mundo que poderíamos ter tido, é porque não temos certeza sobre como viver da melhor forma em um mundo agora organizado em torno de uma crise imunológica sem precedentes – sobre o que seria uma vida vivível *neste* mundo. E vemos, talvez de forma mais clara que antes – ou de uma maneira diferente –, que a possibilidade de uma vida vivível depende de um mundo habitável. Quero pensar sobre essas duas últimas questões e ver se a formulação de Scheler pode ajudar a respondê-las, ou se nelas encontra os seus limites.

Fazer uma demanda por uma vida vivível é demandar que uma dada vida tenha o poder de viver, de se manter viva, de desejar a sua vida. Se fazemos a pergunta *o que faz uma vida vivível?*, nós a fazemos precisamente porque sabemos que sob algumas condições ela certamente não o é – por exemplo, sob condições não vivíveis de pobreza, encarceramento, destituição ou violência social e sexual, incluindo homofobia, transfobia ou violência racista e violência contra a mulher. Implícita na questão *por quanto tempo consigo viver desse jeito?* está uma suposição de que têm de existir outras maneiras de viver, e que conseguimos – ou, melhor, temos de – distinguir entre formas de vida que são vivíveis e as que são não vivíveis. Quando a pergunta *como consigo viver desse jeito?* se torna uma convicção – "eu *não* vou continuar a viver desse jeito" –, estamos no meio de uma urgente questão tanto filosófica quanto social: quais são as condições que permitem a vida ser vivida de uma maneira que afirme a continuação da vida ela mesma? E com quem devo juntar minha vida para defender os valores de nossas vidas? Essas questões são diferentes de *o que é a boa vida?* ou mesmo da questão existencial mais antiga: *qual é o sentido da vida?*.

Como sugeri ao início, a questão sobre o que faz a vida vivível está conectada com a questão *o que causa e possibilita um mundo habitável?*. Esta última não era uma questão para Max Scheler, mas se segue do sentido de mundo que ele descreve, o mundo que ele afirma ser mostrado por meio do trágico. Quando o mundo é um objeto imerso em pesar, como é possível habitar tal mundo? E o que fazer sobre a persistência desse pesar inabitável? A resposta se encontra menos na conduta ou prática individual do que em formas de solidariedade que emergem, pela distância que for, para produzir as condições de habitar o mundo. Estou restaurando o lugar do sujeito para a discussão, depois de Scheler o ter desobrigado de maneira bastante enfática? Ou estou mudando a discussão para a questão da vida, do viver e do vivível, e não apenas nos sentidos antropocêntricos desses termos? Consideramos o fascínio negativo, o rechaço e mesmo o choque: não o evento enquanto tal, mas o mundo em que tal evento pode acontecer. Mas se tal evento acontece e o mundo se prova ser um lugar onde ele pode acontecer, então como viver em tal mundo? E como fazer para que se torne vivível?

Esta última questão é levemente diferente da segunda que mencionei: *O que é um mundo habitável?* Esta última parece confundir-se com *o que significa viver uma vida vivível?*. Estas permanecem, porém, duas questões distintas. A primeira afirma o mundo como primário, talvez no espírito de Scheler, porém adiciona o humano de volta à equação por meio da sua forma de vida, que é conectada a outras formas de vida, de modo que se gera outra questão: como, então, o mundo pode ser habitado por criaturas humanas e não humanas? A segunda afirma a distinção entre uma vida vivível e outra não vivível, uma distinção que, na verdade, pertence mais propriamente a um espectro de vidas mais ou menos vivíveis.

Quando nos questionamos sobre viver no mundo, já estamos falando sobre habitar o mundo, pois não há o viver sem um residir no mundo. E residir traz consigo tanto duração quanto espaço. Seria diferente se estivéssemos falando apenas sobre a terra. A terra subsiste em vários lugares sem ser habitada por humanos, e isso é um grande alívio em meio à destruição climática. O mundo, entretanto, sempre implica um espaço e um tempo da habitação. Um mundo inclui as coordenadas espaço-temporais nas quais a vida é vivida – todos os apoios que proporcionam a duração através do espaço e do tempo em relação a uma rede ou um campo de seres vivos e ambientes construídos. Se o mundo é *in*abitável, então a destruição fez o que quis e como quis com o mundo. Se a vida *não é* vivível, então as condições de vivibilidade foram destruídas. A destruição da terra pelas mudanças climáticas contribui para um mundo inabitável: lembra-nos da necessidade de limitar a habitação humana do meio ambiente, pois não podemos habitar toda a terra sem destruí-la; para preservar a terra, são necessários limites sobre onde e como vivemos, algo que, por sua vez, preserva nossas vidas. Dizer isso talvez soe simplista, entretanto, existem maneiras melhores e piores para os seres humanos habitarem o mundo. E no momento a terra só pode sobreviver – e se regenerar – se forem estabelecidos limites para o alcance e para a disrupção causada pela habitação humana. Os humanos impõem limites a si mesmos para criar um mundo habitável sob condições de mudança climática. Partes do mundo devem permanecer inabitáveis para que a habitação se torne possível. O mundo no qual se vive inclui a terra, depende da terra, não pode existir sem a terra. Além disso, uma vida se mostra como não vivível se o mundo não for habitável. Então, parte do que significa viver, e viver de uma maneira que seja vivível, quer dizer ter um lugar para viver, uma parte da terra que pode ser habitada sem que isso a destrua, ter um abrigo e ser capaz de residir como corpo em um mundo que é sustentado e protegido por estruturas (e infraestruturas) nas quais se vive – ser parte do que é comum, partilhar um mundo em comum.

Habitar um mundo é parte daquilo que torna a vida vivível. Então, definitivamente não podemos separar a questão sobre um mundo habitável da questão sobre uma vida vivível. Se, como humanos, habitarmos a terra sem nos importarmos com a biodiversidade, sem pararmos as mudanças climáticas, sem limitarmos as emissões de carbono, então produzimos um mundo inabitável para nós. O mundo pode não ser a mesma coisa que a terra, mas, se destruímos a terra, também destruímos nossos mundos. E se vivemos vidas humanas sem limites à nossa liberdade, então desfrutamos de nossa liberdade à custa de uma vida vivível. Fazemos nossas próprias vidas não vivíveis em nome de nossa liberdade. Ou, na verdade, frequentemente tornamos nosso mundo inabitável e nossas vidas não vivíveis em nome de uma liberdade individual e de um imperativo de produtividade que são valorados acima de quaisquer outros valores, transformados em um instrumento por meio do qual laços sociais e mundos vivíveis são destruídos. A liberdade individual, em algumas das suas variações, deve ser vista como um poder destruidor do mundo. Certamente não sou contra a liberdade individual, mas a sua forma destrutiva parece-me dizer menos respeito à pessoa ou ao indivíduo do que a um sentimento nacional de pertencimento, e até mesmo a um sentido mercadológico de lucro e ganho que racionaliza a destruição da terra e do clima. Existe outra forma de liberdade que é marginalizada por ela, e que emerge no meio da vida social, uma vida que busca um mundo comum, uma vida que é livre para buscar um mundo em comum.

Este capítulo deliberadamente oscilou entre investigação filosófica e reflexão política à luz do momento presente, definido em parte pela pandemia. Sugeri anteriormente que existem algumas visões opostas sobre o que a pandemia prefigura sobre o mundo social e econômico. Vimos que, nestes tempos, a precariedade e a pobreza foram intensificadas e, ainda, que muitas pessoas estão esperançosas com a redefinição tanto da socialidade quanto da solidariedade, e estão renovando as demandas por redes globais, regionais e locais de cuidado e interdependência. Os limites definitivos do corpo assumidos pela maioria das formas de individualismo têm sido colocados em questão à medida que a invariável porosidade do corpo – suas aberturas, suas membranas mucosas, suas traqueias – se tornou uma questão relevante de vida e morte. Como, então, podemos repensar as relações corporais de interdependência, de entrelaçamento e de porosidade nestes tempos? Ou, mais propriamente, como estes tempos e este mundo, já mudando de intensidade, oferecem a oportunidade para refletirmos sobre a interdependência, o entrelaçamento e a porosidade? E mais, esses próprios conceitos, noções ou modos de organizar a experiência sensível nos fornecem um modo novo de compreender a igualdade e a desigualdade social? Minha aposta é que os sentidos controversos e sobrepostos de socialidade e vivibilidade podem nos levar a rever alguns conceitos políticos centrais. Mesmo que não soubéssemos disso antes, agora está claro que quem questiona está implicado na questão, e que a questão em certa medida busca abrir um pensamento, possivelmente para além dos horizontes estabelecidos tanto pela investigação acadêmica quanto pela experiência ordinária.

No início deste livro, indiquei a distinção entre o mundo e o planeta, citando Mbembe, e sugeri que a devastação do planeta exige uma estratégia planetária que nos permitiria imaginar um mundo, um mundo comum em que poderíamos respirar. Também mencionei que Husserl estabeleceu uma relação entre a consciência e seu mundo, os polos noético e noemático da intencionalidade, a estrutura da experiência cognoscente. Indiquei ainda que Scheler busca, de várias maneiras, deslocar o sujeito transcendental por meio de uma ênfase no mundo e em sua objetividade, compreendendo o trágico enquanto uma maneira como o mundo deixa suas impressões e provoca um pesar que excede os limites da experiência, o horizonte do mundo. Desse modo, Scheler ressoa Wittgenstein, escrevendo alguns anos depois. Com Maurice Merleau-Ponty, entretanto, toda a ideia de correlação se mostra empobrecida diante do caráter corporificado da consciência. Para ele, o problema relevante não consiste no fato de que o mundo seja estruturado de maneira que eu possa conhecê-lo, nem que meus modos de conhecer sejam estruturados de maneira que possam apreender adequadamente o mundo. Na verdade, trata-se do fato de que eu sou, como um corpo, parte do mundo que busco conhecer, já estou lá, corpo visto, móvel, que pesa e importa. Os limites espaciais do corpo percebido desmentem seu alcance adequado, pois ele está sempre aqui e lá, enraizado e transportado. O mundo que é geralmente assumido como estando lá, ou ao meu redor, na verdade já está dentro e sobre mim, e não há uma maneira fácil de contornar essa forma de aderência, o modo como o mundo gruda em mim e me satura. Minha reflexividade, minha própria capacidade de ver ou sentir a mim mesma (se o ver é possível), oscila entre os polos do sujeito e do objeto da experiência. Em *O olho e o espírito*, Merleau-Ponty afirma isso desta maneira:

> Meu corpo é ao mesmo tempo vidente e visível. Ele, que olha todas as coisas, pode também se olhar, e reconhecer no que vê então o "outro lado" de seu poder vidente. Ele se vê vidente, ele se toca tocante, é visível e sensível para si mesmo. É um si, não por transparência, como o pensamento, que só pensa seja o que for assimilando-o, constituindo-o, transformando-o em pensamento – mas um si por confusão, por narcisismo, inerência daquele que vê ao que ele vê, daquele que toca ao que ele toca, do senciente ao sentido – um si que é tomado portanto entre as coisas, que tem uma face e um dorso um passado e um futuro (MERLEAU-PONTY, 1964, p. 162-163 [2013, p. 19-20]).

Ele continua: "as coisas [...] estão incrustadas em sua carne, elas fazem parte da sua definição plena" (MERLEAU-PONTY, 1964, p. 163 [2013, p. 20]).

Em *O visível e o invisível*, sua obra póstuma, Merleau-Ponty vai ainda mais além. É por conta do mundo tangível que posso tocar qualquer coisa. Eu poderia, suponho, começar a contar uma história sobre quando e como primeiramente toquei alguma coisa, mas o "eu" que narraria essa história é bastante posterior a esse primeiro toque, a essa cena de tocante/tocado. Esse "eu" está sempre tentando alcançar a cena do toque que o torna possível, e nenhuma construção narrativa dá conta disso, exceto talvez por meio da ficção e da fantasia. O poder do toque não se origina comigo. O tangível, compreendido como um campo ou uma dimensão do mundo – um modo no qual o mundo é mostrado –, está então ali à medida que toco alguma coisa, e que sinto meu próprio toque, ou redobro meu toque tocando outra coisa. Eu toquei aquela outra pessoa, mas minha própria carne coloca-se no caminho desde o momento do toque, não posso evitar meu próprio toque ao tocar o outro, ainda que possa querê-lo. De fato, o problema não é somente que a cena diádica do toque seja entrelaçada. Do toque brota o tangível, compreendido como um campo no qual essas relações de entrecruzamento do objeto e do si mesmo são condensadas, constituídas por essa própria reversibilidade e sobreposição. Então, apesar de meu corpo estar, por exemplo, aqui (em condições pandêmicas, ele está frequentemente aqui, cercado, contido ou fechado), e não em outro lugar (exceto nos casos em que ele pode estar), meu corpo também está lá, nos objetos que posso tocar ou que toco precisamente pelo fato de que este corpo pertence a um campo de carne (*la chair*), ou a um mundo de carne diferenciada e sobreposta, cujas instâncias não são exatamente unidas, e, não obstante, suas diferenças constituem o próprio campo.

O próprio Merleau-Ponty põe ênfase similar na afirmação de que não se pode "dizer que ele esteja aqui ou agora" (Merleau-Ponty, 1968, p. 147 [2019, p. 145]). E, ele escreve, apesar do fato de que eu "estou sempre do mesmo lado de meu corpo" (1968, p. 148 [2019, p. 145]), o que toco abre um mundo de objetos e superfícies que são tocadas e tocáveis pelos outros. Embora eu não esteja unida a essa unidade ou a esses outros que tocaram essa mesma superfície, ou que a estão tocando agora, ou que certamente vão tocá-la no futuro, esses momentos díspares, contudo, implicam um ao outro, estão ligados um com o outro, apesar de nunca serem sumarizados em uma unidade temporal ou conceitual na mente de alguma pessoa. Ecoando a alegação de Scheler de que o trágico ilumina ou desvela algo constitutivo do mundo, Merleau-Ponty insiste em que o ato desvela suas condições de possibilidade: ao nomear, o nomeável se abre; ao ver, o visível emerge; e ao tocar, o tangível deixa sua impressão em nós.

Merleau-Ponty reescreve aqui a intersubjetividade como um entrelaçamento [*entrelac*] que implica interconexão e inter-relação, no qual uma distinção precisa nem sempre é possível ser feita entre os elementos que colidem uns com os outros: o toque do outro é algo que sinto, e, em certo sentido, toco o que está me tocando no ato de ser tocada. Desse modo, nenhuma passividade chega a se tornar absoluta. Caso imagine a mim mesma como fazendo nada mais que tocar, como a única agente da cena, minhas pretensões são desfeitas, porque a receptividade da carne do outro está sempre lá – um sofrer o toque no próprio ato de tocar. A receptividade já é um tocar de volta.

As polaridades de atividade e passividade se complicam nessa visão, assim como a forma específica de separar a consciência de seu mundo. O corpo e seus sentidos introduzem uma sensação de corpos entrelaçados uns com os outros que vai além dessas oposições binárias. Os modos como nós estamos vinculados uns com os outros não são exatamente contingentes. Ser um corpo, de qualquer forma, é estar vinculado com outros e com objetos, com superfícies e com os elementos, incluindo o ar que é inspirado e expirado, o ar que pertence a todos e a ninguém.

Sugiro que esse modo de pensar tem consequências éticas e políticas para nossos tempos, pois oferece uma forma de compreender a interdependência que vai além da ontologia dos indivíduos isolados, encerrados em corpos individualizados. Talvez isso seja algo que já sabemos pré-filosoficamente, mas é possível que a fenomenologia também articule essa compreensão nascente ou emergente para nossos tempos. Essa concepção de vidas entrelaçadas e interdependentes precisa igualmente ser considerada para uma compreensão política mais ampla das mudanças climáticas. Um caminho futuro para a fenomenologia pode ligar a ideia de um mundo habitável à condição de destruição climática. Se a vida depende do ar que passa entre nós, de comida e de abrigo obtidos a partir dos recursos da natureza e do trabalho, então a destruição climática traz à tona esses requisitos de vida em um modo diferente daquele feito pela pandemia.

Ar, água, abrigo, roupas e acesso a serviços de saúde não apenas são lugares de angústia em meio à pandemia e ameaçados pelas mudanças climáticas, mas também constituem os requisitos da vida para que se possa continuar a viver, e são as pessoas pobres as que mais sofrem por falta de acesso à água potável, à moradia adequada, ao ar respirável, à saúde. Então, sob condições de privação, a questão sobre estar vivendo uma vida vivível é também uma questão econômica urgente: existem serviços de saúde, abrigos e água potável o suficiente para um número qualquer de pessoas viver, e para viverem todos aqueles que estão relacionados a mim? A urgência existencial da questão é potencializada pela precariedade econômica, e essa precariedade é intensificada sob as condições pandêmicas presentes.

Obviamente os humanos têm experiências diferentes sobre o limite da vivibilidade. A questão sobre se um conjunto de restrições é vivível depende de como se medem os requisitos de uma vida. "Vivibilidade" é, em última instância, uma exigência modesta. Não está, por exemplo, sendo perguntado: *o que vai me fazer feliz?*. Assim como não está sendo perguntado: *qual tipo de vida claramente satisfaria meus desejos?*. Na verdade, o que se busca é viver de tal maneira que a vida ela mesma seja suportável de modo que se possa continuar a viver. Em outras palavras, o que se procura são aqueles requisitos que permitem que esta vida seja sustentada e continue. Outra maneira de dizer isso seria *quais são as condições da vida que tornam possível o desejo de viver?* Certamente sabemos que sob algumas condições de restrição – encarceramento, ocupação, detenção, tortura, condição de apátrida – pode-se perguntar: *a vida vale a pena ser vivida sob essas condições?* E, em alguns casos, o próprio desejo de viver é extinto, e as pessoas tiram suas vidas, ou se submetem a formas mais lentas de morte perpetradas por formas mais lentas de violência.

A pandemia põe questões que são especificamente éticas, pois as restrições sob as quais eu sou solicitada a viver são aquelas que protegem não somente a minha própria vida, mas também a vida dos outros. Nossas vidas estão atadas umas às outras, ou, possivelmente, entrelaçadas. As restrições me impedem de agir de certos modos, mas também expõem uma visão do mundo interconectado que sou solicitada a aceitar. Caso essas restrições falassem, elas me solicitariam compreender esta vida que vivo como vinculada a outras vidas e a ver esse "ser vinculado um ao outro" – como uma característica fundamental de quem sou. Não sou completamente fechada como uma criatura fronteirizada, mas emito uma respiração em um mundo compartilhado no qual tomo o ar que vem circulando através do pulmão dos outros. O motivo pelo qual estou proibida de visitar certo número de lugares é tanto por autoproteção quanto pela proteção dos outros: estou sendo impedida tanto de contrair um vírus que poderia retirar a minha vida quanto de transmitir um vírus que posso não saber que tenho e que poderia debilitar ou tirar a vida dos outros. Em outras palavras, sou solicitada a não morrer e a não colocar ninguém mais em risco de doença ou morte. Os mesmos tipos de ações carregam os mesmos tipos de riscos. Então tenho de decidir se atendo a essa solicitação. Para compreender e aceitar ambas as partes dessa solicitação, devo compreender a mim mesma como capaz de transmitir o vírus e ainda como uma pessoa que pode ser infectada pelo vírus, ou seja, potencialmente como quem tanto atua quanto é atuada. Não há escapatória de nenhuma dessas extremidades da polaridade, um risco que corresponde à dimensão dupla da própria respiração: inalação, exalação. Parece que estou vinculada aos outros pela perspectiva de poder causar ou sofrer danos em relação a eles. O dilema ou vetor ético que a pandemia produz começa com a percepção de que a minha vida e a vida dos outros dependem do reconhecimento de como nossas vidas dependem parcialmente da forma como agimos. Então minha ação sustenta sua vida, e sua ação sustenta a minha, pelo menos potencialmente. Se venho de um país como os Estados Unidos, no qual o interesse próprio governa as deliberações morais cotidianas, estou habituada a agir em meu próprio benefício e a decidir se e como uma consideração pelos outros entra em jogo. Porém, no paradigma ético da pandemia, já estou em relação a você, e você já está em relação a mim muito antes de começarmos a deliberar sobre a melhor forma de nos relacionarmos. Estamos muito literalmente nos corpos uns dos outros sem nenhuma intenção deliberada de estar lá. Se não estivéssemos, não teríamos medo. Compartilhamos o ar e as superfícies, esbarramos uns nos outros por acidente, de maneira deliberada ou consentida; somos estranhos próximos uns dos outros no avião, e o pacote que embrulho pode ser aquele que você abre ou carrega ou coloca na minha entrada no momento em que abro a porta e nos encontramos face a face. Segundo os enquadramentos predominantes do interesse próprio, agimos como se nossas vidas apartadas fossem dadas primeiramente, e só depois decidíssemos sobre nossos arranjos sociais – essa é uma presunção liberal que subscreve uma grande parte da filosofia moral. De alguma maneira existimos previamente e de modo exterior aos contratos que nos ligam, e abrimos mão de nossa individualidade e liberdade irrestrita quando entramos em tais contratos. Mas por que assumimos a individualidade desde o início, quando ela é claramente uma formação e, como a psicanálise afirma, no máximo uma tênue conquista? Se nos perguntarmos: *como e quando a minha vida se tornou, pela primeira vez, imaginável como uma vida apartada?*, podemos ver que a própria questão começa a desdobrar uma pergunta. A individualidade é uma condição imaginada e depende de formas sociais específicas do imaginário. De fato, os estágios iniciais da infância são marcados por um desamparo primário, e a sobrevivência da criança depende de um conjunto de materiais e práticas de cuidado que garantem a nutrição, o abrigo e o aconchego. As questões acerca da comida, do sono e do abrigo nunca são separáveis da questão sobre uma vida, sobre sua própria vivibilidade. Essas provisões devem estar lá, mesmo que minimamente, para que qualquer um comece uma vida que pode vir a incluir a imaginação de um "eu" apartado. Essa dependência dos outros, de provisões, de tudo que possivelmente não poderíamos nos dar por conta própria teve de ser deixada de lado, se não completamente negada, para que qualquer um de nós decida algum dia que se é um indivíduo singular, distinto e espacialmente fechado para os outros, não apenas separado, mas *apartado*. Toda individuação é assombrada pela dependência que é imaginada como se pudesse ser superada ou como se já tivesse sido vencida. Contudo, os indivíduos completamente isolados e por conta própria na pandemia estão entre aqueles que sofrem os maiores riscos. Como viver sem tocar ou sofrer o toque, sem respiração compartilhada? Seria isso vivível? Se a minha "vida" é minha, desde o início, apenas de modo ambíguo, então o campo da interdependência social ingressa desde o início, anterior a qualquer deliberação sobre a conduta moral ou sobre os benefícios dos contratos sociais deliberadamente introduzidos (nem todos são voluntários). A questão *o que devo fazer?*, ou até mesmo *como devo viver esta vida?*, pressupõe um "eu" e uma "vida" que colocam essa questão apenas por si e para si mesmo. Porém, se aceitarmos que o "eu" está sempre povoado e que a vida está sempre implicada nas outras vidas e formas de vida, então como se modificariam essas questões morais? Como elas já se modificaram sob condições pandêmicas?

É claro que é difícil abalar o pressuposto de que, quando falamos sobre esta vida, estamos falando de um tipo de vida individual, fronteirizada e separada, e de sua finitude. Ninguém pode morrer em meu lugar. Ninguém pode nem sequer ir ao banheiro em meu lugar! Além disso, o que torna uma vida vivível parece ser uma questão pessoal que pertence a esta vida, e não a qualquer outra vida. Contudo, quando pergunto sobre o que torna "uma vida" vivível, pareço aceitar que algumas condições compartilhadas tornem as vidas humanas vivíveis. Sendo assim, então pelo menos alguma parte daquilo que torna minha própria vida vivível torna igualmente outra vida vivível, e não posso dissociar completamente a questão do meu próprio bem-estar do bem-estar dos outros. O vírus não nos permite pensar de outra maneira – a menos, é claro, que ignoremos o que conhecemos sobre o vírus, como alguns notórios funcionários governamentais fizeram, arrastando consigo incontáveis outras pessoas. Se a pandemia nos oferece uma grande lição social e ética para aprendermos, minha aposta é que deve ser a seguinte: o que torna uma vida vivível é uma questão que implicitamente nos mostra que a vida nunca é exclusivamente nossa, que as condições para uma vida vivível precisam ser asseguradas, e não apenas para mim, mas também para vidas e processos vivos em geral. Essas condições não podem ser apreendidas, por exemplo, se a categoria da propriedade privada que descreve meu corpo ou que pressupõe minha individualidade for aceita como uma metodologia. O "eu" que sou também é em alguma medida um "nós", ainda que tensões tendam a demarcar a relação entre esses dois sentidos de uma vida. Se esta é a vida que é minha, ela então parece ser minha, e a lógica da identidade ganhou a discussão com uma firula tautológica. Porém, se minha vida nunca é completamente minha; se "vida" nomeia uma condição e um percurso compartilhados, então a vida é o lugar no qual perco meu autocentramento, em que descubro o caráter poroso da minha corporificação. De fato, a expressão "minha vida" tende a levar de uma só vez a duas direções: esta vida, singular, insubstituível; esta vida, compartilhada e humana, compartilhada igualmente com vidas animais e com diversos sistemas e redes de vida. Para viver, necessito de processos vivos e de outros vivendo, o que significa que não sou nada sem eles. Esta vida, gostaria de sugerir, é densamente povoada antes que eu comece a vivê-la, e precisa ser assim para que eu possa viver em geral. Os outros me precedem, antecipam-me em certa medida, e seus efeitos iniciais e providentes – colisões amorosas, por assim dizer – começam a formar esta pessoa que eventualmente começa a se referir a si como "eu". Então o "eu" nunca vem a ser, exceto por meio do apoio e da companhia dos outros, por processos vivos e pelas instituições sociais das quais a criatura humana viva depende e às quais é necessariamente conectada. Os desejos e as ações desses outros – seus modos de me tratar ou negligenciar – colocam-me em movimento e me dão forma, marcando e estabelecendo a mim como uma pessoa com desejos e capaz de ação, criando uma conexão mundana, trazendo prazer e dor, fazendo-me sofrer perdas, buscar reparo. Não posso vir a ser sem ser tocada, conduzida, mantida, e não posso tocar ou conduzir ou manter sem ter sido primeiramente formada no cruzamento dessas práticas. Contudo, quando essas condições do toque são perdidas, também se perde um sentido fundamental daquilo que nos sustenta como criaturas vivas cujas capacidades de receber e dar são estratificadas juntas ao longo do tempo.

Devido ao fato de que certas condições da vida e do viver são expostas pela circulação do vírus, temos agora a oportunidade de captar nossas relações com a terra e uns com os outros de formas capazes de dar sustento, de compreender a nós mesmos menos como entidades separadas movidas por interesse próprio, e mais como entidades complexamente vinculadas entre si em um mundo vivo que exige de nossa coletividade resolver a luta contra sua destruição, a destruição daquilo que sustenta um valor incalculável – o sentido último do trágico.

Capítulo 2
# Os poderes na pandemia: reflexões sobre a vida restrita

Tradução de Beatriz Zampieri

Como então devemos repensar, nestes tempos, as relações corporificadas de interdependência, entrelaçamento e porosidade? E será que existe uma maneira de revisitar aquilo que entendemos por igualdade e desigualdade sociais no contexto da interdependência corporificada? Que diferença faria repensar a igualdade à luz da interdependência corporificada? A destruição do meio ambiente e a recente ênfase no racismo estrutural nos compelem a questionar se é possível trazer à luz o modo como os sentidos controversos e sobrepostos de socialidade e de vivibilidade podem nos fazer rever alguns de nossos conceitos políticos fundamentais.

Citando Mbembe, fiz uma breve referência à distinção entre mundo e planeta, sugerindo que a devastação do último exige uma estratégia planetária que nos permitiria imaginar um mundo comum no qual poderíamos respirar. A relação entre a pandemia e as mudanças climáticas veio à tona. Algumas pessoas têm argumentado que as mudanças climáticas possibilitariam ainda mais pandemias, enquanto outras têm sugerido que podemos, a partir da pandemia, extrair algumas lições sobre como fazer oposição à destruição climática.[1]

## Os climas da vida e do trabalho

Antes de entrar na questão de se a pandemia consiste em um efeito direto ou indireto das mudanças climáticas, acredito ser imperativo situar a condição global pandêmica no interior dessas mudanças, na medida em que ambas fundamentam um sentido de interdependência global como matéria de vida ou morte. Qualquer que seja o sentido de mundo que trazemos para essa discussão, é um sentido minimamente influenciado pela questão da contínua destruição ambiental. Isso significa que vivemos em uma pandemia em meio ao racismo ambiental e no interior de seus próprios termos, exemplificados pela água imprópria para uso nas regiões pobres e pelo número crescente de despejos para quem vive em insegurança financeira. A relação com o ar, a água, a moradia e a alimentação – já comprometida sob as condições das mudanças climáticas e de um capitalismo desenfreado – é registrada de maneira ainda mais grave sob as condições pandêmicas. São duas condições distintas que, no entanto, encontram-se interligadas e intensificadas no presente. Essas estruturas não desapareceram; intensificaram-se. Por um lado, a interrupção das viagens e das atividades econômicas permitiu que o mar

---

[1] A respeito da relação entre as mudanças climáticas e a possibilidade de novas pandemias, ver Damian Carrington (2021) e Rasha Aridi (2020). Sobre as lições que a pandemia pode oferecer contra a destruição climática, ver David Klenert *et al.* (2020) e Krystal M. Perkins *et al.* (2021).

e o ar se recuperassem da contaminação prolongada de resíduos ambientais. Por outro, apenas vislumbramos o que poderia ser tal renovação ou reparo ambiental antes que a produção acelerasse novamente. Ainda assim, a pandemia lançou luz ao modo como o mundo natural poderia ser regenerado se a produção fosse suspensa, se as viagens fossem reduzidas e se as emissões e pegadas de carbono fossem diminuídas ou erradicadas.

Idealmente, eu gostaria de vincular o caráter interconectado de nossas vidas à obrigação que temos de organizar o mundo, incluindo os serviços de saúde, com base nos princípios da igualdade radical. A questão que concerne à abertura econômica, posta pela perspectiva do *lockdown* e do "recomeço do mundo" nas regiões onde o confinamento foi instituído por um ano ou mais, pressupõe que, ao ser retomada, a economia não conduzirá ao adoecimento e à morte de muitas pessoas. Na primavera de 2022 do Norte global, alguns governos, mais notadamente o de Boris Johnson, declararam o fim da pandemia ou insistiram no fato de que todas as medidas de precaução poderiam ser revogadas. E, no entanto, tais decisões estabelecem uma população dispensável que passa a ter de assumir a incumbência de se isolar ou arriscar a própria vida. Isso inclui as pessoas em condições autoimunes, diabéticas, com doenças pulmonares e todas aquelas que, devido à idade ou à falta de acesso à vacinação, não têm anticorpos suficientes. Nessa abordagem, a decisão de recusar o uso de máscaras e confinamentos temporários supõe que algumas pessoas vão adoecer e morrer, mas, como prossegue tal argumentação, esse seria um preço pequeno a pagar pela manutenção da abertura e da prosperidade econômicas.

Manter a abertura econômica é, certamente, importante, especialmente para pessoas pobres ou que correm risco de empobrecimento e endividamento por falta de emprego. Mas quais são os riscos? Muitas pessoas da classe trabalhadora se deparam, efetivamente, com a seguinte questão: continuo trabalhando para "ganhar a vida", mesmo quando "ganhar a vida" me leva à morte? Não se trata de uma questão de trabalho ou morte, mas da morte *como resultado do* trabalho, mesmo quando o trabalho consiste, precisamente, naquilo que é necessário à vida. Essa contradição é aquela que Marx apontou há muito, ainda que, para ele, a condição fosse o capitalismo, e não a pandemia (embora existisse, em boa parte de sua vida de autor, uma pandemia como cenário). No capitalismo, a classe trabalhadora[2] trabalha com o objetivo de assegurar um salário que permita para si e para suas famílias a garantia de subsistência. E, mesmo trabalhando sob condições que não protegem a saúde da classe trabalhadora, essas pessoas arriscam suas vidas. E trabalhando durante horas que exaurem o corpo, essas pessoas são lesadas e adoecidas, incapacitadas para o exercício do trabalho. Em outras palavras, ao trabalhar sob tais condições, a classe trabalhadora cessa de trabalhar e não pode mais prover a subsistência para si e para suas famílias ou dependentes. Isso significa que, ao trabalhar, a classe trabalhadora se aproxima da morte ou morre, em vez de assegurar as condições de uma vida vivível.

---

[2] "*Workers.*" Embora a autora, apesar da menção à obra de Marx, não faça um uso explícito do conceito de classe, a tradução optou pelo termo com a intenção de preservar a neutralidade de gênero. [N.T.]

A contradição, conforme Marx, poderia ser solucionada apenas por meio da dissolução do capitalismo; em nosso momento atual, a contradição apenas poderia ser solucionada por meio da garantia de uma renda mínima anual. De fato, se a renda fosse assegurada, ninguém teria de enfrentar a situação de ter de trabalhar sob condições perigosas para poder viver. Viver nessa angústia não é uma vida vivível. Essa não é uma forma de organização igualitária ou de apoio para a vida em comum. enfrentar a situação de ter de trabalhar sob condições perigosas para poder viver. Viver nessa angústia não é uma vida vivível. Essa não é uma forma de organização igualitária ou de apoio para a vida em comum.

 A pandemia acontece, ao mesmo tempo, no contexto das mudanças climáticas e da destruição ambiental e, na maior parte das vezes, dentro dos termos de um capitalismo que continua a tratar as vidas da classe trabalhadora como dispensáveis. Os tempos mudaram desde que Marx fez sua descrição da luta de vida e morte do trabalhador. Para algumas pessoas existem, agora, seguro de vida, medidas de proteção no trabalho e bem-estar social. Mas para a grande maioria não há qualquer seguro de saúde, e o esforço para garanti-lo consiste em uma luta que fracassa com frequência. Assim, quando nos perguntamos, nos Estados Unidos, por exemplo, quais são as vidas que mais sofrem riscos na pandemia, descobrimos que são as das pessoas pobres, da comunidade negra, dos imigrantes recentes, das pessoas encarceradas e idosas. Na medida em que o comércio foi reaberto e a indústria, retomada – ou frequentemente retomada e suspensa –, não há nenhum modo de proteger tantos/as trabalhadores/as contra o vírus. E, para aquelas populações que nunca tiveram acesso ao sistema de saúde ou que foram desfavorecidas pelo racismo, doenças que poderiam ter sido previamente tratadas se tornaram "condições preexistentes", fazendo dessas pessoas mais vulneráveis à doença e à morte. No verão de 2021 do Norte global, pelo menos, muitos países não tinham qualquer acesso à vacina, a maioria deles na África. Essas desigualdades globais se refletem nas taxas de vacinação lamentavelmente baixas no Burundi, na Tanzânia, na República Democrática do Congo e no Haiti.

Aqueles que acreditam que a "saúde da economia" é mais importante que a "saúde da população" aderem à crença de que o lucro e a riqueza têm, enfim, mais importância que a vida humana. Aqueles que calculam os riscos, que sabem que algumas pessoas terão de morrer concluem, implícita ou explicitamente, que a vida humana será sacrificada pela economia. No decorrer da pandemia, tem-se argumentado que a indústria e os locais de trabalho deveriam permanecer abertos em prol dos trabalhadores e das trabalhadoras pobres. Mas talvez seja, justamente, a classe trabalhadora pobre, cujas vidas serão sacrificadas no ambiente de trabalho, para quem as taxas de infecção atingem os índices mais altos, que nos leve de volta à contradição fundamental que Marx descreveu há quase dois séculos.[3] Abrimos a economia – ou a conservamos aberta – para sustentar as vidas da classe trabalhadora pobre, mas suas vidas são consideradas dispensáveis pela abertura econômica, seu

---

[3] Uma articulação inicial e precisa da relação entre o trabalho assalariado e a miséria da classe trabalhadora no capitalismo pode ser encontrada em Marx (1975 [2010]).

trabalho pode ser substituído, suas vidas não contam como singulares ou inestimáveis. Em outras palavras, sob condições pandêmicas, a classe trabalhadora trabalha para viver, mas o trabalho é precisamente aquilo que precipita sua morte. A classe trabalhadora descobre seu caráter dispensável e substituível. De acordo com essa lógica, a saúde da economia é mais importante que a saúde da classe trabalhadora. Assim, a antiga contradição que pertence ao capitalismo assume uma nova forma sob condições pandêmicas.

À medida que, em 2021, os formuladores de políticas econômicas avaliaram os custos da abertura, eles compreenderam que muitas pessoas morreriam. Mas as pessoas desproporcionalmente expostas ao adoecimento e à morte eram, de forma precisa, as que não apenas não tinham nenhum serviço de saúde adequado, como também não tinham qualquer escolha a não ser trabalhar. Ou eram, também, aquelas pessoas encarceradas ou detidas nas fronteiras – que não tinham o poder de deslocamento ou mesmo de distanciamento em relação a outras pessoas. A distância social é um privilégio, e nem todos podem estabelecer tais condições espaciais. Nos abrigos em que muitas pessoas vivem em proximidade, não existem condições de segurança para a própria saúde. As formas estruturais de racismo se tornam explícitas à medida que as pessoas racializadas nos Estados Unidos, assim como as pobres em todos os lugares, tornam-se mais suscetíveis a sucumbir. Vemos um cálculo em operação: quantas vidas vale perder? De quem são as vidas que valem ser perdidas? De quem são as vidas que, desde o princípio, nunca foram consideradas vidas que vale proteger?

Algumas dessas questões estiveram no cerne do movimento Black Lives Matter [Vidas negras importam] no instante em que muitas comunidades racializadas sofreram a perda ou a ausência de um serviço de saúde digno. O assassinato de George Floyd, acompanhado por uma longa e extensa lista de nomes de pessoas negras assassinadas pela polícia estadunidense, mudou e intensificou um sentido já difundido de perigo – não apenas porque se tratava, ainda, de mais uma vida negra exterminada pela força brutal da polícia, mas também porque o espetáculo de seu assassinato foi um anúncio descarado da supremacia branca, uma ressurgência de linchamento explicitamente performatizado para uma câmera de celular. É de novo no pescoço, o mata-leão mais uma vez. O trauma coletivo da comunidade negra não pode ser subestimado em sua forma intergeracional e presente, especialmente agora, quando se reivindica que tantas vidas negras foram perdidas para a covid-19 porque os serviços de saúde são inadequados, inacessíveis ou financeiramente inviáveis. O número desproporcional de mortes nas comunidades racializadas diz respeito, de maneira mais genérica, a determinado racismo estrutural inerente a um sistema de saúde brutal e falido. A mesma comunidade que enluta a perda das vidas que poderiam, e que deveriam, ser atendidas e salvas sofre, ao mesmo tempo, da violência policial contra corpos negros nas ruas. Se Michel Foucault pensava existir uma diferença entre fazer viver e deixar morrer, constatamos que a violência policial que tira a vida funciona de maneira conjunta a sistemas de saúde que viabilizam a morte. É o racismo estrutural que liga esses dois aspectos.

Não estou convencida de que se trate de crises concorrentes ou de um embate de desastres. Estão, ambos, ligados. O racismo estrutural instalado no sistema de saúde, falhando na assistência às comunidades racializadas, segue-se do fracasso na instituição dos serviços de saúde como um bem público básico que toda pessoa deveria poder reivindicar. A exigência de que as pessoas racializadas trabalhem em uma economia de prestação de serviços, permitindo àqueles com dinheiro a permanência em casa, longe dos estabelecimentos comerciais, segue-se de um sistema que exige que todas as pessoas trabalhem por um salário, mesmo nos casos em que as condições de trabalho sejam perigosas – quando isso deveria ser contraposto por uma garantia de renda mínima nacional que assegurasse que ninguém da classe trabalhadora deveria ter de escolher entre a destituição econômica e o adoecimento grave.

Talvez tenhamos cometido um erro pensando, ainda que por um breve momento, que a pandemia poderia funcionar como uma grande nivelação, como se fosse o momento de imaginar uma igualdade mais substancial e uma forma mais radical de justiça. Não foi exatamente um erro, como também não nos preparamos de modo adequado para realizar o mundo que imaginamos. Um problema concerne à aspiração que anima a ideia de reconstruir o mundo, assumindo-o como tábula rasa, um novo começo, abdicando à questão de se o novo traz consigo um peso histórico, se os novos começos são efetivamente uma ruptura com o passado, ou mesmo se poderiam vir a ser. Outro problema, evidentemente mais profundo, diz respeito à concepção de que a economia apareceria rapidamente como restituição do mundo no discurso público hegemônico. A "saúde da economia" foi compreendida como mais valiosa e urgente que a "saúde das pessoas". De fato, a atribuição de saúde à economia figurou a economia como um corpo humano, um organismo, algo para o qual a vida e o crescimento devem ser apoiados a todo custo, incluindo até a perda de vidas humanas. Mas a transposição da saúde para a economia não consiste apenas na transferência de um atributo humano para o mercado; essa transposição drena literalmente a saúde do corpo para o estabelecimento da saúde da economia. Essa tem sido uma forma mortal de deslocamento e de inversão no interior da lógica capitalista que vem à tona nos tempos pandêmicos.

Se a saúde antropomorfizada da economia se dá à custa da saúde da classe trabalhadora, das minorias, da população pobre, das pessoas imunocomprometidas, então a figuração da "saúde" econômica não toma somente a "vida" desses corpos, na medida em que se representa a economia como uma forma da vida orgânica. Isso tira essa vida; isso drena essa vida. Trata-se da expressão da vontade de sacrificar essas vidas. E, em tais sentidos, é uma figuração a serviço de ceifar as vidas. A falsa consolação do modelo de custo-benefício do cálculo econômico é o que permite que a saúde e a vida do corpo sejam substituídas por um número, uma porcentagem, e pela curva de um gráfico. Esta última, no entanto, não concerne à simples representação de um corpo vivo, mas, pelo menos nesse contexto, torna-se o meio de seu apagamento. O signo gráfico e o número têm o intuito de indicar quantos morreram, de modo que, se a curva é aplainada, devemos nos alegrar, porque poucas pessoas estão morrendo, e isso parece ser uma ótima notícia. Atualmente, esse tem sido o álibi para a reabertura da economia de mercado e para novos picos do vírus e de suas novas variantes; desse modo, a curva de um gráfico põe em perigo as vidas e as mortes que propõe representar. O ponto da curva a serviço da racionalidade mercadológica consiste, precisamente, em estabelecer o nível de doença e de morte que podemos aceitar como razoáveis, o número adequado de mortes, a extensão razoável da linha horizontal, o nível que estabelece o número de mortes com que podemos conviver. Como uma forma de representação, o gráfico normaliza essas mortes, ou alegoriza sua normalização generalizada, outro empréstimo das metáforas da saúde a serviço de um plano necropolítico – exemplificando, talvez de modo notavelmente vívido, a pulsão de morte que persevera no coração da máquina capitalista. Mas isso fica para outro projeto.

Não se preocupem: não estou reivindicando que o corpo vivo prescinda à representação. Não estou, também, reivindicando que não tenhamos necessidade dos gráficos. Certamente temos essa necessidade. A vida corporificada depende, de fato, das representações que evidenciam os requisitos para a vida. No entanto, a questão permanece: que representações dão conta? Não estou dizendo que as figurações gráficas matem, e sim que evidenciam a trajetória de uma violência que depende de uma negação normalizadora para ser reproduzida. Se o mundo fosse substituído pela economia, e se a economia (compreendida como a economia de mercado somada a um mercado financeiro) fosse concebida como permanente crise de saúde, nossa responsabilidade seria, então, retornar ao trabalho, reabrir a economia para os negócios, encher as igrejas e as academias, mesmo que isso significasse, evidentemente, que o vírus se proliferaria e que mais pessoas arriscariam sua saúde e, inclusive, sua vida. Aqui, o que permanece não dito é o terrível pressuposto de que as vidas da classe trabalhadora são dispensáveis, assim como a vida de todas as pessoas desassistidas ou cuja assistência não tem lugar em meio à configuração familiar burguesa, com suas portas fechadas e demarcações de propriedade. O que não se diz, aqui, é o caráter dispensável de todas aquelas vidas que acreditam abraçar a liberdade quando, na verdade, encaminham-se para a doença e a morte, delas mesmas ou de pessoas que talvez não conheçam. Seria possível, então, recuperar o mundo de sua substituição pela economia? Desfazer a articulação entre a restauração do mercado e a construção de um mundo – esse seria o primeiro passo para sua promissora reconstrução.

Assim, passamos a ver de forma mais clara, e a partir de uma perspectiva diferente, que uma desigualdade radical entre os seres vivos sempre fez parte daquilo que a fenomenologia chamou de "o mundo da vida". Algumas vidas devem ser protegidas da morte a todo custo. E não se considera digno de valor resguardar outras vidas – não vale o custo.

### Os futuros do mundo da vida

Com a ideia de mundo da vida, temos a oportunidade de reunir nossas duas questões: o que torna uma vida vivível? E o que constitui um mundo habitável? Sob confinamento provisório, talvez tenhamos sentido ou continuemos sentindo que a ausência de contato, de toques físicos e de encontros sociais é insuportável, e ainda assim suportamos essas perdas com o intuito de proteger vidas. Nós o fazemos não apenas para proteger nossas vidas, mas também porque temos consciência de nossa capacidade de infectar outras pessoas. Vivemos, por assim dizer, em um vetor ético no qual podemos sofrer ou causar infecção, uma situação que nos estabelece como seres que estão constantemente derramando partes de nós mesmos em direção aos outros, que recebem partes dos outros como algo rotineiro.

No começo da pandemia, quando não entendíamos que sua transmissão se dava pelo ar, tememos as superfícies do mundo. E talvez tenhamos nos dado conta de que compartilhamos as superfícies do mundo, as maçanetas que tocamos, as encomendas que abrimos. Estamos, em todos os lugares, nas mãos uns dos outros, o que significa que a própria condição de nossa socialidade é tornada letal nas condições pandêmicas. Sim, partes do mundo suspenso ainda nos invadem sob confinamento – palavras de amor e apoio, arte e risadas por telefone ou pela internet. Tais conexões podem tanto ser virtuais quanto viscerais e não devem ser subestimadas como sustentação para a vida. Mas esse vetor ético levanta questões mais amplas a respeito de como somos parcialmente não conscientes do modo como afetamos os outros ou como os outros talvez nos afetem. O que parece evidente é que não podemos mais agir apenas em interesse próprio, já que esse si mesmo corporificado se encontra situado socialmente, já fora de si mesmo, no ambiente e nos outros, afetado e afetante. Meu interesse termina por ser o seu interesse na medida em que a vida que me pertence também se vincula à sua, como a sua vida à minha. E isso é verdade não apenas nas condições pandêmicas, como também no mundo socialmente interdependente em que nossas vidas tomam forma e fazem sentido. Pois o fato é que compartilhamos superfícies e objetos do mundo, outras pessoas passam por nós, nem sempre sabendo disso. Aquilo que você toca a mim, mesmo que nem sempre seja assim. Se toco uma superfície, também estou potencialmente tocando outra pessoa ou estou sendo tocada por ela? Não está claro se é você que me afeta ou se sou eu que te afeto, e talvez ninguém possa saber neste momento se esse afetar/sofrer afecção consiste também em uma forma de infectar/sofrer infecção. Quando pensamos a respeito da relação entre corpos, não estamos simplesmente falando sobre entidades separadas que existem de maneira isolada umas das outras. Mas não estamos, também, falando de uma simples reciprocidade. Existem a terra, o ar e o alimento que medeiam nossa relação; pertencemos a essas regiões tanto quanto pertencemos uns aos outros.

Como observei anteriormente, as reflexões de Merleau-Ponty publicadas postumamente a respeito da tatilidade se amparam na figura do *"entrelac"* – o entrelaçamento (MERLEAU-PONTY, 1968, p. 130-155 [2019, p. 127-150]). Ele nos diz que, ao tocar um objeto, tornamo-nos igualmente conscientes de nosso próprio toque, e que o mundo tangível, tudo aquilo no mundo que tocamos, é sempre definido parcialmente pelo fato de ser tocável por nós. Ao mesmo tempo, o mundo tangível excede nosso toque e estabelece as condições gerais da tatilidade. E esse excesso se dá a conhecer em si mesmo no próprio toque. Desse modo, não podemos nos conceber como seres capazes de tocar sem os objetos tangíveis do mundo. E, quando nos aproximamos e nos tocamos, estaríamos conscientes, nesse momento, precisamente, de quem está tocando quem? Dizemos que "tocamos uns aos outros" e parecemos fazer um relato de um encontro emocional ou físico. Se minha mão toca outra, nesse exato momento ela é tocada por essa outra superfície corpórea, animada e animante. Isso significa que o outro também me toca, quer eu me pense ou não como receptiva. Evidentemente, receptividade não é o mesmo que passividade, embora ambas sejam frequentemente confundidas. Além disso, se atividade e passividade estão entrelaçadas, então ambas, ação e receptividade, devem ser pensadas fora da lógica de exclusão mútua. Seguindo Espinosa, quanto maior for a potência da receptividade, maiores são os poderes da ação.[4]

Essa noção de entrelaçamento impõe uma reformulação de questões básicas: sou eu sujeito, objeto ou sempre ambos, e que diferença faz a compreensão do corpo como vinculado a um mundo tangível? Se, como Merleau-Ponty indica, tocar outra pessoa consiste também na experiência de tocar a si ou tornar-se consciente da própria pele no momento do contato, existe um modo de distinguir tal cena de tocar/sofrer o toque e existe um sentido de tatilidade do si mesmo? Em outras palavras, existe uma equivocação entre agir e receber que marque o sentido corporificado e tátil do si mesmo? Há momentos do toque em que pomos estas questões a nosso respeito: quem sou eu neste momento do toque,

---

[4] Esse argumento, próximo à análise de Merleau-Ponty, é desenvolvido por Deleuze de forma convincente no capítulo "Que pode um corpo?", de *Espinosa e o problema da expressão* (DELEUZE, 1992 [2017]).

ou quem estou me tornando? Ou, seguindo a observação de María Lugones, quem eu me torno em virtude desse novo encontro tátil com o outro?[5] Qualquer adolescente no percurso de sair do armário encontra esse impasse existencial/social emergindo precisamente ali e nesse momento, na proximidade e na intimidade cuja forma não poderia ser antecipada por completo. Merleau-Ponty nos diz que assim funciona a tatilidade, à medida que os limites porosos do corpo marcam os caminhos da relacionalidade; sofrendo a afecção do que procuramos afetar, não há nenhum modo claro de distinção entre atividade e passividade como mutuamente excludentes. Aristóteles morre na praia, mais uma vez.

Por que trazer Scheler e Merleau-Ponty em conjunto, como fiz? Será que a destruição de valores definidora do trágico em Scheler tem mesmo algo a nos dizer hoje? Será a noção de mundo indicada ou exposta pelo evento trágico algo que podemos levar adiante, na medida em que procuramos compreender as coordenadas do mundo no qual temos agora de viver? Será esse mundo habitável? Se sim, para quem? E em que medida? O que acontece quando a destruição do valor – como o valor das vidas, os valores da terra – inunda o mundo de pesar? O que acontece quando perdemos o contato ou mal podemos nos lembrar da respiração próxima de outra pessoa? Quem somos então, ou melhor, que mundo é este que então habitamos, se é que a habitação é ainda, de fato, uma possibilidade? Pode ser que as desorientações de uma visão subjetivamente centrada do mundo levem consigo seus sinais de

---

[5] Ver María Lugones (1987).

esperança ou de promessa para outro tipo de construção mundana, outro modo de viver o mundo do ar e da terra, seus recintos arquiteturais, suas passagens estreitas, como uma criatura respiradora e tátil que exige tantas dimensões humanas e não humanas da vida a ser vivida.

Merleau-Ponty pensava que o corpo humano estava disperso no tempo e no espaço de um modo que outros objetos e coisas não estavam. No entanto, o que ele não considerou é que objetos e coisas carregam consigo suas histórias naturais, ou, para usar um termo de Theodor Adorno, a história de um trabalho e de uma consumação, como também uma mediação pelos valores de mercado.[6] Isso é especialmente verdadeiro quando pensamos a respeito do extrativismo como saque dos recursos naturais para fins de lucro. Se a relação intersubjetiva é formulada sem a referência ao mundo objetivo – isto é, ao meio ambiente, aos valores complexos de bens naturais e à ampla organização da realidade social e econômica –, então não é mais possível compreender nem os valores que tal relação produz nem aqueles que ela destrói. Se uma noção de mundo habitável falha em incluir os efeitos dos resíduos ambientais e do ar respirável, o que se perde, então, é precisamente a ideia do clima como parte do horizonte do mundo. Além disso, sem essas referências, não podemos saber como viver bem e como habitar melhor a terra ou como construir um mundo habitável. Viver de um modo vivível exige habitar um mundo – um mundo que permaneça habitável.

---

[6] Para uma definição preliminar de história natural, um conceito que aparece ao longo de toda a obra de Adorno, ver "The Idea of Natural-History" (2006).

Os objetos podem ser vetores para todas essas questões, talvez de forma mais evidente que o foco exclusivo na subjetividade ou na intersubjetividade, sua variação. Para Merleau-Ponty, a relação diádica entre você e eu é, ao mesmo tempo, condicionada e excedida pela própria tangibilidade, pela linguagem, mas também, poderíamos acrescentar, pela respirabilidade – o caráter social – do ar.

Embora a ciência tenha descartado a hipótese da transmissão do vírus por objetos, talvez tenhamos de olhar com mais cuidado para o mundo dos objetos, compreendendo sua relação com o crescimento das condições de transmissibilidade. No fim das contas, como uma forma social, o objeto é constituído por um conjunto de relações sociais. É feito, consumido e distribuído no interior de organizações socioeconômicas da vida. Essa verdade geral adquire um novo significado nas condições pandêmicas: por que entregadores continuam trabalhando, mesmo se expondo mais rapidamente ao vírus do que as pessoas que recebem alimentação por esses serviços? O caráter terrível dessa questão é, certamente, intensificado para aquelas pessoas que não foram vacinadas, seja por escolha, seja porque as vacinas são inacessíveis ou financeiramente inviáveis, seja ainda porque estão em uma condição autoimune que interdita a proteção por meio de vacinas. Muitas vezes, a escolha com que a classe trabalhadora se depara é de correr o risco de adoecimento e uma possível morte ou de perder o emprego. Um vírus nunca pertence a nenhum organismo que o contraia. Não é nem uma posse nem um atributo, embora digamos "fulana e sicrano *têm* covid". O modelo de propriedade não pode fornecer um modo de compreender o vírus. Pelo contrário, é o vírus que parece *ter* a pessoa: vem de outro lugar, traz essa pessoa para seu domínio, transfere-se para uma superfície mucosa ou para o interior de um orifício pelo toque ou pela respiração, toma o corpo como seu hospedeiro, escavando-o, entrando nas células e direcionando sua replicação, espalhando seus tentáculos letais para então ser liberado no ar e, potencialmente, entrar em outras criaturas vivas. O vírus aterrissa, entra em um corpo definido parcialmente por sua porosidade, e parte para desembarcar em outro corpo, procurando um hospedeiro – a pele, a narina, a cavidade. Nos momentos de *lockdown* mais rigoroso, as pessoas pareciam temer o contato próximo, a transmissão aérea do vírus cara a cara. O encontro frontal, certamente, é agora (sob a variante ômicron ou deltacron, enquanto escrevo) mais amplamente temido que qualquer contágio por meio de objetos manipulados (embora as pesquisas sobre superfícies ou fômites continue a surpreender), e parece então que os aerossóis são claramente a principal forma de transferência viral.[7] É raro que tenhamos pleno controle sobre a proximidade com outras pessoas no curso rotineiro da vida: o mundo social é imprevisível assim. A proximidade involuntária com objetos e pessoas é uma característica da vida pública, e parece normal para quem usa o transporte público ou precisa se locomover pelas ruas de uma cidade populosa: esbarramos uns nos outros em espaços estreitos, apoiamo-nos em corrimões e em outras pessoas enquanto falamos, tocamos

---

[7] CHEN, Tina. Fomites and the COVID-19 Pandemic: An Evidence Review on Its Role in Viral Transmission. *National Collaborating Centre for Environmental Health*, Vancouver, Feb. 2021. Disponível em: https://bit.ly/3f9ivm7. Acesso em: 5 set. 2022.

o que quer que esteja em nosso caminho, muitas vezes chegando perto de estranhos com quem as transações se fazem necessárias, ou quem simplesmente vive e se move nos espaços compartilhados do mundo. E, ainda assim, essa condição de contato e de encontro casuais, de esbarrar em outras pessoas, torna-se potencialmente fatal quando esse contato aumenta a possibilidade de adoecimento, e essa doença carrega o risco da morte. Nessas condições, os objetos e as pessoas de que precisamos aparecem potencialmente como as maiores ameaças às nossas vidas. Como se sabe, esse contínuo paradoxo mal tem sido vivível.

Na pandemia, no entanto, vimo-nos questionando se queríamos viver nesse mundo estruturado pela distância social e pelo isolamento, por pouco ou nenhum trabalho, por medo de dívidas ou de morte, e se tal mundo é habitável. Sim, encontramos formas de manter companhia e comunidade nos piores surtos do vírus, de pôr arte no mundo, manter vivas as conexões viscerais por meios virtuais, avivar as virtuais por meios viscerais. Mas o problema da desigualdade radical assombra todas as fases do tempo pandêmico: quais vidas são valoradas como vidas e quais não? O que poderia parecer uma questão filosófica abstrata acaba surgindo no coração de uma emergência social e epidemiológica ou, de fato, uma crise. Para que o mundo seja habitável, é preciso dar apoio às condições de vida, assim como ao desejo de viver. Pois quem há de querer viver em um mundo onde tão facilmente se dispensa a vida, as vidas de amigos e familiares ou de populações inteiras com as quais se coabita a terra? Querer viver em um tal mundo é assumir a luta contra os próprios poderes que tão facilmente descartam vidas, formas de vida e ambientes vivos. Não é possível se opor a toda essa brutalidade de modo solitário, mas apenas por meio de colaboração, de redes cada vez maiores de apoio que propiciam novas condições de vida e reconfigurações espaço-temporais para o desejo, encenando uma nova forma de vida comum, valores coletivos e desejos. E, para que a vida seja vivível, deve ser corporificada – isto é, a vida exige qualquer apoio que permita a um espaço ser habitado – e tem a necessidade de espaço, abrigo ou uma casa para viver. A moradia e a infraestrutura acessíveis são, portanto, precondições essenciais para uma vida vivível. Mas esses espaços não se restringem à casa e ao lar; incluem o ambiente de trabalho, as lojas, as ruas, o campo, o povoado, a metrópole, os meios de transporte, os terrenos públicos e privados e a praça pública.

À medida que as vacinas se tornam cada vez mais disponíveis aos países que podem pagar ou que têm a capacidade de produzir suas versões não patenteadas, os mercados financeiros começam a investir, de forma previsível, no futuro desta ou daquela indústria farmacêutica (antivirais como o Paxlovid, se amplamente distribuídos e tornados acessíveis, certamente farão uma grande diferença). A desigualdade radical que caracteriza a distribuição global de vacinas nos lembra de que o esforço de dar fim à pandemia deve ser associado à luta pela superação das profundas desigualdades globais. Devemos lutar por um mundo no qual façamos a defesa pelo direito à saúde em nome de uma pessoa estranha do outro lado do mundo da mesma maneira como o fazemos fervorosamente pelas pessoas próximas ou que amamos. Isso talvez pareça altruísta de forma irrazoável, mas pode ser que agora seja o momento de dar fim ao viés local e nacionalista que permeia nossa ideia do que é razoável. Em 2020, Tedros Adhanom, diretor da Organização Mundial da Saúde, formulou um preceito ético que tomava "o mundo" como medida, propondo que esse conceito poderia ser central para uma reflexão ética voltada ao futuro: "Nenhum de nós pode aceitar um mundo em que algumas pessoas estão protegidas, enquanto outras, não".[8] Ele fazia um apelo ao fim do nacionalismo e da racionalidade de mercado que calculariam, por meio de margens e lucros, quais vidas valiam mais ser resguardadas e salvas em detrimento de outras. Mas Tedros Adhanom também nos dizia que as vacinas continuariam a circular enquanto houvesse pessoas que permanecessem contagiadas/contagiantes: ninguém está em segurança até que todos estejam. Essa verdade epidemiológica relativamente simples coincide, portanto, com um imperativo ético. De ambas as perspectivas, portanto, decorre um compromisso com as formas globais de colaboração e de apoio que busquem garantir acesso igualitário a serviços de saúde, a uma vida vivível. Para isso, precisamos dar atenção ao potencial levantado pela pergunta *que tipo de mundo é este?*, derivando dessa questão mais uma: *em que tipo de mundo queremos viver?* Não respondi à pergunta a respeito do que torna uma vida vivível ou um mundo habitável. Mas espero contribuir para manter essas questões abertas e passíveis ao debate. Meu pressentimento, no entanto,

---

[8] Ver GHEBREYESUS, Tedros Adhanom; LEYEN, Ursula von der. A Global Pandemic Requires a World Effort to End It: None of Us Will be Safe Until Everyone Is Safe. *World Health Organization*, Sept. 30, 2020. Disponível em: https://bit.ly/3TTykfI. Acesso em: 5 set. 2022.

é de que o mundo da vida em que vivemos deve ser aquele que assegura as condições de vida para todas as criaturas cuja persistência e desejo de viver devem ser igualmente honrados. Enquanto epidemiologistas nos orientam dizendo que tornar a covid-19 endêmica é a forma de resolver esse problema, temos de perguntar se, mesmo nesse caso, é admitida a hipótese de que uma parte da população mundial terá de perder sua vida. Essas pessoas nunca tiveram acesso às vacinas, ou nunca foram convencidas pelo argumento de que as vacinas as ajudariam, ou elas pertencem a um segmento de pessoas imunocomprometidas, para as quais as vacinas não funcionam. Recusar-se a aceitar uma solução na qual algumas pessoas devem morrer para que a maioria possa viver significa recusar um utilitarismo crasso em favor de uma igualdade radical para quem vive. Implica confrontar de modo crítico o cálculo orientado pelo mercado que nos forçaria a fazer tais escolhas.

Apenas um compromisso global pode honrar a interdependência global. Para levar à frente essa tarefa, temos de renovar e revisar nossa compreensão do que queremos dizer por *um mundo*, um mundo habitável, que seja entendido como um modo de ser já e desde sempre implicado em outras vidas. No auge da pandemia, essa interdependência pôde, às vezes, parecer fatal, empurrando-nos para as noções de individualidade preventiva e "segurança" doméstica (segura para as mulheres? para as crianças queer?). Ainda assim, a interdependência também é a saída. Implica uma concepção de saúde global, acesso igualitário, vacinação gratuita e o fim do lucro da indústria farmacêutica. A interdependência é, também, a possibilidade de abertura para o êxtase sensível, para o apoio de que necessitamos para viver, para a igualdade radical e as alianças comprometidas em construir e sustentar um mundo vivível em comum. Podemos retornar a nossas vidas pessoais, imaginando quando o mundo estará mais aberto para que possamos retomar nossas atividades e relações, ou podemos nos desesperar cada vez mais com a frustração de nossos interesses próprios. Mas esse isolamento e essa frustração mais pessoal são algo compartilhado em todo o mundo. Algumas pessoas se opõem de forma maníaca às vacinas e terminam vendo o vírus tomar sua própria vida e a vida de seus amores. Também constatamos a resposta hipernacionalista, que faz uso da pandemia para consolidar os poderes do Estado em suas formas autoritárias, reforçando as fronteiras e o uso de tecnologias de vigilância, promovendo a xenofobia e fortalecendo a esfera doméstica heteronormativa. Mas, para aqueles que continuam lutando por um mundo comum em meio às desigualdades letais e às formas geopolíticas de dominação, trata-se de uma situação controversa, na medida em que nos agarramos aos momentos dispersos e oscilantes de promessa, enquanto a pandemia é revogada antes do próximo novo surto.

Por mais diferentes que sejam as formas como registramos essa pandemia, nós a compreendemos como global; a pandemia traz para nossas casas o entendimento de como nos implicamos em um mundo compartilhado. Algumas pessoas podem protestar de maneira raivosa contra a pandemia global, fortalecendo o nacionalismo, mas seus esforços frenéticos admitem a própria natureza global da relacionalidade pandêmica. A capacidade que as criaturas humanas vivas têm de afetar umas às outras foi sempre matéria de vida e morte, mas é apenas sob circunstâncias históricas específicas que isso se torna mais evidente. Com certeza, isso não é exatamente *um mundo comum* que compartilhamos, e reconhecer a pandemia como global significa confrontar-se com essas desigualdades. A pandemia trouxe à luz e intensificou as desigualdades raciais e econômicas ao mesmo tempo que aumentou o sentido global a respeito das nossas obrigações uns com os outros e com a terra. Há um movimento de direção global, um movimento baseado em um novo sentido de mortalidade e interdependência, resultado de realidades díspares de destruição climática e pandemia. A experiência de finitude é irmanada a um sentido agudo de desigualdade: quem morre cedo demais e por que, e para quem não existe uma promessa infraestrutural ou social para a continuidade da vida?

Esse sentido de interdependência do mundo, fortalecido por um impasse imunológico em comum, desafia a nossa noção de indivíduos isolados, enclausurados em corpos separados, limitados pelas fronteiras estabelecidas. Quem, agora, pode negar que ser um corpo consista justamente em estar vinculado a outras criaturas vivas, às superfícies e aos elementos, incluindo o ar que pertence a todos e a ninguém, que sempre nos lembra de que a vida apenas pode persistir para além de e contra as relações de propriedade?

Nestes tempos pandêmicos, o ar, a água, o abrigo, o vestuário e o acesso à saúde são locais de angústia individual e coletiva. Todas essas exigências para a vida já se encontram sob perigo por conta das mudanças climáticas. Quer se esteja ou não vivendo uma vida vivível, essa não é apenas uma questão existencial privada, mas também uma urgência econômica, instigada pelas questões de vida e morte, consequências da desigualdade social: existem serviços de saúde, abrigo e água potável para todas as pessoas que devem tomar parte igualmente neste mundo? A questão se torna ainda mais urgente em condições de aumento de precariedade econômica durante a pandemia, evidenciando a catástrofe climática em curso, assim como seu caráter de ameaça à vida vivível.

Um mundo habitável para os humanos depende da fortificação da terra sem a centralidade do humano. Não nos opomos aos resíduos ambientais apenas para que os humanos possam viver e respirar sem medo de serem envenenados, mas também porque a água e o ar devem ter sua vida não centrada na nossa própria vida ou a nosso serviço. À medida que desmantelamos as formas rígidas de individualidade nestes tempos interconectados, podemos imaginar a parcela menor que os humanos podem exercer nesta terra de cuja regeneração dependemos – e que, por sua vez, depende de que nosso papel seja reduzido e mais consciente.[9] Uma terra habitável exige que não a habitemos em sua totalidade, que não apenas limitemos o alcance da habitação e da produção humanas, mas, também, que conheçamos e prestemos atenção ao que a terra exige.

---

[9] Os últimos quatro parágrafos foram extraídos de BUTLER, Judith. Creating an Inhabitable World for Humans Means Dismantling Rigid Forms of Individuality. *Time*, Apr. 21, 2021. Disponível em: https://bit.ly/3TEYItW. Acesso em: 5 set. 2022.

Capítulo 3
# Entrelaçamento como ética e política

Tradução de Gabriel Lisboa Ponciano

Nos últimos dois capítulos, invoquei alguns textos da tradição fenomenológica para lançar luz sobre certos aspectos da pandemia que diziam respeito à socialidade, à interdependência e à corporeidade. Isso não significa afirmar que a fenomenologia seja o único enquadramento útil ou que desse enquadramento se possa derivar todas as afirmações significativas sobre os nossos tempos. Lanço mão da fenomenologia quando e onde ela parece útil e ponho certos aspectos da fenomenologia em diálogo com outros compromissos teóricos, incluindo Marx, a crítica antirracista e – como se tornará cada vez mais claro – a teoria feminista e queer. As próprias reflexões de Husserl sobre a prática do "pôr entre parênteses" são criticadas tanto por Sartre quanto por Merleau-Ponty.[1]

---

[1] "Pôr entre parênteses", na fenomenologia husserliana, envolve pôr em questão as pressuposições tomadas como certas sobre o mundo sem perder o mundo como um problema temático. Alguns interpretaram esse "pôr entre parênteses", parte da "redução" fenomenológica, como um retirar-se do mundo

Eles insistem em que não é necessário um método deliberado para suspender nossas pressuposições cotidianas sobre o mundo para torná-lo matéria da análise fenomenológica. Existiram experiências históricas nas quais a estrutura constituída do mundo foi mostrada ou repentinamente posta em questão. Esses são os momentos de mostrar a própria ingenuidade, talvez de forma humilhante ou emocionante. Quando Max Scheler, escrevendo à época de Husserl, sustentou que o trágico indicava que algo de valor tinha sido destruído e que, na ocasião dessa destruição, algo da constituição do mundo é mostrado, ele estava tentando mostrar que a estrutura do mundo pode ser entendida apenas por meio de um deslocamento epistêmico radical (SCHELER, 1954). O mundo não era como se pensava, mas isso não significa que ele agora esteja completamente perdido. O tipo de destruição de valores que interessa a Scheler implica, ou, talvez, *indicie* o próprio mundo em que essa destruição se provou possível. É como se essa possibilidade tivesse permanecido fora do pensável até certo tempo histórico, mas, uma vez que se tornou pensável, foi diretamente apreendida como uma possibilidade do próprio mundo. Como antes o mundo não era entendido como contendo ou implicando tal possibilidade, o mundo se provou diferente do que era. Podemos chamá-lo de um mundo alterado ou novo, mas, se tínhamos uma ideia sólida do mundo, que dizia que certos eventos não poderiam

---

ou uma negação da crença, mas ele visa abordar o mundo e as suposições que fazemos sobre ele desde uma perspectiva que nos permita capturar o que é essencial sobre o mundo e as pressuposições acumuladas e naturalizadas que fazemos sobre ele. Ver Maurice Natanson (1973, p. 56-62).

ocorrer, então definitivamente é um mundo diferente daquele que pensávamos conhecer. Esse evento introduz, para muitas pessoas, uma possibilidade que não se dá em outros eventos e que não pode ser assimilada no sentido existente do mundo. Essa possibilidade não pode ser simplesmente adicionada a uma ideia existente do mundo. Sua adição muda o sentido do mundo; porque ela não pode ser adicionada como um atributo de um mundo estabelecido, ela é capaz de derrubar e redefinir, fervilha com o poder de mostrar o mundo de outra maneira. Esse tipo de "evento" – para usar a terminologia de Scheler – repentinamente mostra que o mundo não era conhecido antes, mesmo que ele estivesse lá durante todo o tempo, como horizonte que define e enquadra a experiência. Pode ser útil lembrar que Husserl, em suas *Nachlass*, e para Landgrebe, que desde cedo buscou elucidar sua doutrina, "formar uma ideia do mundo requer, portanto, uma construção sistemática da infinidade de experiências possíveis" (LANDGREBE, 1940, p. 51). Por isso, há uma questão de se qualquer conceito de mundo é ilimitado em suas infinitas possibilidades, que não podem ser completamente conceitualizadas ou imaginadas dentro de um limite. Qualquer que seja o limite imposto pela noção de horizonte, ele também precisa ser pensado em termos da infinitude que, por assim dizer, atravessa-o e o excede.

## Por que fenomenologia?
## Que fenomenologia?

A história das influências e apropriações é complexa. Tanto Merleau-Ponty quanto Sartre se baseiam principalmente nas traduções francesas de Husserl, e ambos tomaram de empréstimo e contestaram seu legado filosófico. Sartre se refere à carne de maneira breve e interessante, mas a maior parte de suas descrições do corpo tende a defini-lo como um objeto entre outros. Baseando-se na distinção entre corpo e consciência, ele foi posteriormente chamado de cartesiano, o que dificilmente era um elogio, especialmente entre as feministas que sucederam a Simone de Beauvoir. Para ela, o corpo não é um objeto, mas uma *situação*. E, quando Beauvoir introduz essa noção em O segundo sexo, ela não cita Sartre, mas Merleau-Ponty.[2] Aliás, o problema da corporificação na filosofia feminista resultou em pesquisas no campo relativamente novo da fenomenologia crítica. Muitas pessoas no meio acadêmico sabem da importância da obra de maturidade de Iris Marion Young (1980). Ela analisa os hábitos e gestos da experiência vivida no interior de um enquadramento político, questionando-se como *"throwing like a girl"* [arremessar como uma garota][3] pode ser aprendido,

---

[2] "A mulher, como o homem, *é* seu corpo", escreve Beauvoir, citando na nota de rodapé uma passagem relevante da *Fenomenologia da percepção*, de Merleau-Ponty: "mas seu corpo não é ela, é outra coisa". E depois: "Como o disse muito justamente Merleau-Ponty, o homem não é uma espécie natural: é uma ideia histórica. A mulher não é uma realidade imóvel, e sim um vir a ser; é no seu vir a ser que se deveria confrontá-la com o homem, isto é, que se deveria definir suas *possibilidades*" (BEAUVOIR, 1989, p. 19, 34 [2019, p. 57, 62]).

[3] A tradução optou por manter a expressão original, que se refere ao título do livro de Iris Marion Young, *Throwing Like a Girl: A Phenomenology of Feminine Body Comportment Motility and Spatiality* (Indiana University Press, 1990). Literalmente,

como isso se torna uma lição de gênero obrigatória e o quanto a hierárquica organização de gênero é aceita e reproduzida no nível da motilidade e dos gestos. O objetivo de Young é, entre outros, pôr em primeiro plano, com propósitos feministas, o papel que ações repetidas e habituais têm na moldagem de corpos e de mundos. Para muitas outras feministas da sua geração (incluindo eu mesma), a fenomenologia abre uma via de compreensão das estruturas da experiência vivida, à medida que reflete sobre as estruturas de dominação e disciplina e busca transformá-las. O objetivo que orienta essas pesquisas não é separar uma narrativa universal da experiência vivida das estruturas sociais e históricas específicas da experiência, mas mostrar precisamente como a estrutura social é vivida e, no viver, reproduzida no nível do corpo.

Vale notar que Husserl e Merleau-Ponty desempenharam um papel formativo no trabalho de Sara Ahmed, Gayle Salamon, Lisa Guenther e outras. Mesmo que Husserl pensasse que a experiência vivida estava estruturada de maneira que permitisse sua descrição, ele também estava atento para o aspecto sedimentado da experiência vivida, que estabelece sua opacidade e a mudança dos enquadramentos históricos nos quais a vida pode ser pensada e vivida, e que estabelece sua variabilidade. Fenomenólogas feministas, e agora fenomenólogas críticas, buscaram derivar da fenomenologia uma forma mais precisa de entender a vida corporificada em sua

---

"arremessando como uma garota", já que a autora toma o arremesso dos jogos de futebol americano como paradigma para pensar a diferença entre os corpos de homens e mulheres. [N.T.]

intersubjetividade, o que inclui o enredamento com poderes de formação de gênero e racialização, classes, instituições e, até mesmo, prisões, demonstrando como o poder pode ser reproduzido e disputado no que diz respeito ao movimento corporal, à ação, ao gesto, ao discurso, ao sofrimento, à paixão e à resistência, para nomear apenas algumas modalidades do corpo em questão.

Consideremos a descrição da fenomenologia crítica oferecida por uma de suas principais defensoras, Lisa Guenther, que também trabalha no campo dos estudos críticos das prisões.[4] "Por fenomenologia crítica entendo um método que está enraizado nas narrativas de primeira pessoa da experiência, mas também em uma crítica da afirmação da fenomenologia clássica de que a primeira pessoa do singular é absolutamente anterior à intersubjetividade e às complexas texturas da vida social", escreve ela (GUENTHER, 2012, p. xiii). Com isso, o sujeito transcendental que Scheler criticou sofreu um deslocamento ainda mais poderoso. Guenther oferece uma análise fenomenológica das rebeliões em presídios, especialmente das greves de fome, concentrando-se naqueles que, em confinamento solitário, insurgiram-se simultaneamente na Palestina e na Califórnia há alguns anos (GUENTHER, 2013). Eles não podiam se reunir, e sua greve não foi uma interrupção do trabalho – eles não tinham trabalho. E ainda assim fizeram uma greve de fome, ao mesmo tempo que um vasto número de profissionais da advocacia e ativistas divulgavam a greve na mídia, por assim dizer. Mesmo em confinamento absoluto, eles fizeram com que

---

[4] Ver Guenther (2012).

suas demandas se tornassem conhecidas por meio de uma rede colaborativa e fortaleceram sua mobilização contra o confinamento solitário, retratando-o como uma punição cruel e insólita. Eles também ajudaram a vitalizar um movimento abolicionista liderado por mulheres racializadas, ativistas e intelectuais que acusam o sistema prisional como um todo de violência institucional.[5]

Guenther demonstra como a fenomenologia e a política são intimamente ligadas:

> pode-se abordar o problema do encarceramento em massa como um dilema a ser resolvido por uma reforma do sentenciamento, uma mudança legislativa ou por meio da liberação das pessoas encarceradas, e eventualmente pelo fechamento das prisões. Mas essas maneiras de "resolver" o dilema do encarceramento em massa poderiam, por si só, não fazer face às condições de emergência do problema e, na verdade, podem exacerbá-lo, inscrevendo mais profundamente a lógica carcerária, expandindo formas não carcerárias de vigilância e de controle disciplinar, por exemplo. Para problematizar o encarceramento em massa, deve-se não apenas compreender como isso é "errado" e tentar fazer com que dê "certo", mas também delinear as estruturas contingentes, porém constitutivas, que normalizam a conjugação da prestação de contas com a punição – e, para fazer isso, é preciso

---

[5] Angela Y. Davis, Gina Dent, Erica R. Meiners e Beth E. Richie (2021); e *Critical Resistance*, movimento social e publicação que tem documentado e promovido o feminismo abolicionista desde 1979.

> se situar no que diz respeito às redes do poder carcerário, que prometem segurança e prosperidade para algumas pessoas, enquanto expõem outras ao confinamento, ao controle e à violência estatal (Guenther, 2021, p. 16).

Aqui pode-se ver como a forma como a fenomenologia dá conta da "naturalização" – como ações e gestos se tornam normalizados e são tomados por certos – é mobilizada. Em que medida o encarceramento enquanto forma de prestar contas foi aceito não apenas como teoria, mas também como prática. Se suspendermos nossa crença nessa conexão, se desnaturalizarmos nossa compreensão da prisão – o que o imaginário abolicionista requer –, então podemos ver que essa versão de mundo foi construída ou constituída por meio de repetidos atos que podem ser tanto analisados quanto interrompidos, e os processos formados por essas estruturas iteráveis são paralisados

Aqui, novamente, em "What's Critical About Critical Phenomenology?", a teórica queer e fenomenóloga crítica Gayle Salamon põe a questão de outra forma, mostrando como o mundo visível dificilmente pode ser tomado como dado. Para Salamon, a tarefa da fenomenologia crítica é abrir ou reabrir o mundo a uma nova reflexão, e "essa abertura é revelada por meio do trabalho da descrição" (Salamon, 2018). Citando Foucault, ela escreve:

> o papel da filosofia não é descobrir o que está escondido, mas sim tornar visível o que precisamente é visível – ou seja, fazer aparecer o que está tão próximo, tão imediato, o que está tão intimamente ligado a nós mesmos que, em função

disso, não o percebemos. Enquanto o papel da ciência é fazer conhecer aquilo que não vemos, o papel da filosofia é fazer ver aquilo que vemos.[6]

Ainda que possamos objetar contra o oculocentrismo de tal formulação, ela põe em primeiro plano a importância da proximidade que incide sobre todos os sentidos. O problema do que se tornou estabelecido no decorrer do tempo – isto é, por meio de atos específicos de constituição que "naturalizam" o mundo – é fazer com que a ordem pareça eterna e necessária. Também pode-se consultar o tremendamente influente *Queer Phenomenology: Orientations, Objects, Others*, de Sara Ahmed (2006), que usa as orientações espaciais da fenomenologia para pensar sobre o queer e a orientação sexual de forma mais ampla – como fazemos para nos mover ou não pelo mundo. Um dos pontos de partida do texto é a visão de Merleau-Ponty sobre a corporificação e o espaço para, nos termos da própria Ahmed, repensar o que significa se orientar no espaço por meio e em função de relações com objetos. As práticas de leitura queer são, portanto, derivadas de uma leitura crítica da própria fenomenologia. O grupo de fenomenologia crítica – agora representado por um periódico, *Puncta*, e uma antologia impressionante, *Fifty Concepts for a Critical Phenomenology* (WEISS; MURPHY; SALAMON, 2019) – descreve a si mesmo como um grupo que "põe em primeiro plano experiências de marginalização, opressão e poder para identificar e transformar experiências comuns de

---

[6] Foucault, em "A filosofia analítica da política" (2012, p. 44), citado por Salamon (2018, p. 14) e também por Arnold I. Davidson (1997, p. 2).

injustiça que tornam 'o familiar' um lugar de opressão para tantas pessoas". [7]Além disso, invocam a metáfora da respiração para descrever sua prática: o grupo busca "dar um novo fôlego à tradição fenomenológica e revelar seu compromisso ético, social e político". Suponho que, involuntariamente, tenha me juntado a ele quando, neste livro, questionei o uso que podemos dar à noção de "entrelaçamento" para entender nossa época de pandemia.

## Ligados uns com os outros

Para Merleau-Ponty, criaturas humanas, como seres corpóreos, são *no* mundo ao mesmo tempo que o mundo é *em nós*, seus objetos estão incrustados em nós. O corpo não aparece como um objeto entre outros. Na verdade, apesar de Husserl ter escrito sobre as estruturas da intersubjetividade, Merleau-Ponty se moveu em outra dimensão, implicando, por meio de sua própria linguagem descritiva, que o entendimento filosófico é mais bem servido pelo uso de figuras e aposições (KJOSAVIK; BEYER; FRICKE, 2019). A dimensão intersubjetiva de nossas vidas, em sua visão, tem de ser entendida com um "entrelaçar", uma "sobreposição", ou, talvez, por meio da figura retórica do *quiasma*. O quiasma é um domínio compartilhado por duas entidades distintas que, em todos os outros aspectos, estão claramente apartadas uma da outra. Então, até certo ponto, o corpo é sua relação com outros corpos, e esse aspecto relacional deve ser pensado como um estatuto ontológico que não pode ser adequadamente compreendido

---

[7] Para mais informações a respeito do periódico *Puncta, Journal of Critical Phenomenology*, ver https://bit.ly/3FgvRrn. Acesso em: 11 out. 2022. [N.T.]

caso se considere o corpo como substância; em vez disso, o aspecto relacional, na mesma tacada, estabelece e desfaz o sujeito individual. Isto aqui é a minha mão que toca alguma coisa ou alguém, mas esse toque é sempre de algo que sou eu ou outro tipo de ser, o que significa que tocar é "intencional" em sentido fenomenológico: tocar é sempre um tocar *de algo*. A orientação do toque ao objeto, mesmo quando é a si mesmo que se toca, define o tocar e, retrospectivamente, define até o sentido fenomenológico de mão. Essa formulação indica tanto o caráter intencional quanto o *mundanizado* do toque. Em outras palavras, o mundo tangível é ao mesmo tempo a condição e seu objeto, a base para ser um ser sensível, o que uma pessoa sente e o que excede todas as suas instâncias.

Isso tem algumas consequências no pensamento sobre a ética e talvez exija que se repense a reciprocidade, que tem sido tão importante para teorias como a da obrigação ética e da igualdade social. Se estendermos a compreensão que Merleau-Ponty tem das nossas vidas como implicadas umas nas outras para o nível do corpo e dos sentidos, então o que faço, minha própria ação, é minha, sim, mas também sempre definida em relação a algo que não é eu mesma, ou o que não é eu mesma como um tipo de alteridade da versão mais ativa desse "eu". No interior desse enquadramento, a conduta ética não poderia ser inteiramente descrita da maneira como foi derivada de Kant: ajo de acordo com uma regra que todos deveriam adotar para suas ações, ou ajo de certa forma que me permita, sem contradição, querer que outras pessoas ajam da mesma maneira. Nessas cenas hipotéticas, o outro age como eu, ou deveria agir como eu, se ajo da maneira correta, e há um paralelismo entre nossas ações, até mesmo uma forma implícita de reciprocidade que assume a duplicação da ação, a sua e a minha, de acordo com as regras corretas. Ou sou orientada pelas mesmas regras que você, e nossa orientação comum em relação a esse conjunto de regras torna possível a conduta ética baseada na reciprocidade. Ajo em relação a você como quero que você aja comigo, o que significa que a mesma ação seja realizada, ao mesmo tempo, tanto pessoal quanto anonimamente. Ou o mesmo tipo de ação é realizado de acordo com a mesma regra dos dois lados. O "eu" e o "você" se proliferam no curso de tais variações hipotéticas, mas qual é a relação presumida entre o "eu" e o "você", esses dois lados de uma relação bipolar, antes de serem lançados ao cenário ético da deliberação? Kant pode nos orientar nesse ponto? E se fazer algo ao outro for simultâneo a receber sua ação, de tal forma que o *fazer* e o *a quem é feito* não sejam exatamente distintos? Se dissermos "tocar você me desfaz", então estamos tanto reportando uma atividade quanto um padecer, e esse padecer não é mera passividade, mas uma passividade que está vinculada a uma ação cujas origens são equívocas em um sentido eroticamente importante. Como elaboramos nos capítulos anteriores, quem toca também sofre o toque e toca, o que significa que há uma sobreposição da minha relação reflexiva comigo mesma com uma relação intencional com um outro que também age, mesmo que nem sempre da mesma maneira ou no mesmo grau. Os dois movimentos se cruzam. E o lugar ou tempo de seus cruzamentos não é apenas crítico para uma fenomenologia da vida erótica, mas certamente também é parte do que queremos dizer com um mundo comum.

Lembremos que, na fenomenologia, o termo "*intencional*" não significa deliberado ou propositado, mas tem o sentido de ser relacionado a, orientado na direção de um objeto como parte da consciência, da atitude ou de outros modos de relação. Para Merleau-Ponty, então, não podemos subscrever um individualismo metodológico e começar com dois indivíduos distintos nem podemos facilmente subscrever uma distinção estrita entre atividade e passividade. As razões para que isso seja assim têm a ver com como o corpo é implicado no tangível e no tátil, no campo do sensível, do visível, do auditivo, em que outros corpos também estão implicados. Esses campos não são exatamente terceiros termos ou esferas que medeiam humanos; eles são domínios ou campos implicados pelos sentidos. Criaturas táteis cruzam umas com as outras nesse domínio, que está implicado por essas ações e é em si mesmo um tipo de entrecruzamento recíproco, um *chassé-croisé*. As relações devem ser entendidas como quiasmáticas sempre que nos encontramos tocando as mesmas superfícies e respirando o ar mais próximo; esses domínios do tátil ou da tangibilidade, da respiração e da respirabilidade são tanto o que compartilhamos como o que compartilhamos de forma distinta, e também aquilo que nos excede e nos abrange ou envolve em cada instância do tocar e do respirar. Então, mesmo que sejam parte do que é comum entre nós, são lugares de divisão, de controvérsia, e, por isso, a sobreposição pode ser algo jubiloso ou terrível. Dessa maneira, o comum é estriado tanto pela distinção quanto pela sobreposição.

Um mundo comum, como sabemos, não significa que o compartilhemos igualmente ou que estejamos expostos ao mesmo grau de toxicidade ou contágio. É a isso que Denise Ferreira da Silva (2016) se refere com "diferença sem separabilidade".

Merleau-Ponty buscou encontrar uma linguagem que pudesse desafiar o exercício epistemológico que pressupõe a distância entre sujeito e objeto. Ele chamou a intencionalidade de um *abraço* [*embrassement*] entre o sujeito e o mundo (SMITH, 2006). Essa foi sua maneira de redescrever a correlação entre estruturas subjetivas de conhecimento e o campo do cognoscível que o contrapõe. A consciência e o mundo são adequados um ao outro. A consciência é equipada com estruturas para conhecer o mundo como ele é, e o mundo se oferece à consciência para ser conhecido. Essa adequação é parte de uma doutrina medieval da intencionalidade e sobrevive por meio do legado fenomenológico.[8] Não

---

[8] Em "The History of the Concept of Intentionality", Tim Crane escreve que "*intentio*", a raiz de intencionalidade, "era usada por filósofos da escolástica do século XIII e XIV como um termo técnico para um conceito. Esse termo técnico era uma tradução de dois termos em árabe: '*ma' qul*', da tradução de Al-Farabi de '*nóēma*' em grego; e '*ma' na*', o termo de Avicena para aquilo que é anterior à mente no pensamento (ver al-Farabi §3; Ibn Sina §3). Nesse contexto, os termos '*nóēma*', '*ma' qul*', '*ma' na*' e '*intentio*' podem ser, em geral, considerados como sinônimos: todos eles entendidos como termos para conceitos, noções ou o que quer que seja anterior à mente no pensamento (ver KNUDSEN, 1982). Os acadêmicos traduziram '*intentio*' por '*intention*' em inglês – mas se deve ter em mente que isso não significa que '*intentio*' tenha as mesmas conotações que a noção cotidiana de intenção" (CRANE, 1998, [s.p.]).

estou totalmente convencida disso, mas aprecio a insistência em um abraço harmonioso. É um pensamento adorável, mas e se ele acabar sendo um enforcamento que entrega dor em vez de prazer? E se a consciência e o mundo forem inadequados um para o outro? Isso não depende do mundo em questão, de como seus limites são estabelecidos e de como seus "fatos" duradouros são naturalizados? Será que podemos distinguir o mundo em si deste mundo aqui, desses mundos estriados pela desigualdade, pelo dano ecológico e pela pulsão de morte capitalista?

As metáforas de Merleau-Ponty são amplamente eróticas e harmoniosas. Mesmo o "entrelaçamento" não parece ser um mau negócio. A meu modo de ver, Merleau-Ponty subestima a fúria que pode emergir de formas instáveis de diferenciação, mesmo que ele as tenha indicado em *Humanism and Terror* (MERLEAU-PONTY, 2000 [1968]).[9] Uma abordagem psicanalítica da diferenciação poderia implicar claramente uma maneira diferente de pensar sobre as fronteiras do corpo. A teoria social pode mostrar como várias formas de conceber o aspecto fronteirizado do corpo são correlatas a formas de individualismo, mas os psicanalistas podem fornecer um caminho para pensarmos as fronteiras como, até certo ponto, imaginárias. O medo psíquico de ser sem bordas, fundido aos outros, com nossa distintividade erradicada, precisa ser pensado em relação ao desejo de fronteiras, de ser livre de aberturas, de se proteger e se blindar completamente. As considerações de Freud sobre a psicologia de massas são apenas um exemplo disso, em

---

[9] Ver também Gail Weiss (2017).

que os vínculos sociais são forjados para fins destrutivos. A dimensão psicossocial tanto do individualismo quanto do fascismo nos fornece outra forma de pensar sobre o "entrelaçamento", e até mesmo sobre a noção idealista de um vínculo social como "um abraço". Se considerarmos o "abraço" otimista de Merleau-Ponty como uma maneira de pensar sobre as relações intencionais com outros e com o mundo, parece claro que ele desconsidera ou minimiza a possibilidade de violência, do erguer fronteiras em serviço da defesa tanto psíquica quanto política. E, ainda assim, a relação com a dependência, assim como com a independência, está assombrada pelas impressões irrevogáveis da dependência infantil, pela longa e fracassada luta para se diferenciar completamente das figuras paternas, pela confusão sobre as fronteiras somáticas que podem facilmente levar à violência sexual ou a uma defensividade debilitante. Mesmo que Merleau-Ponty também tenha sido formado tanto como psicólogo quanto como filósofo, há momentos em seu texto que uma réplica psicanalítica ao seu idealismo se faz necessária. Quando são a fantasia, a perda e os distúrbios psicológicos que se seguem da experiência pessoal do corpo como imago, ela contrasta com a experiência vivida a certa distância. Sabendo disso, Frantz Fanon, que leu Merleau-Ponty assiduamente, traz a psicanálise para aplicá-la em sua leitura sobre a abordagem fenomenológica da vida corpórea em imaginários racializados (FANON, 2008, p. 109 [1952, p. 88; 2020, p. 125]).[10]

★★★

---

[10] Ver também Alia Al-Saji (2021).

Talvez não seja possível invocar o "nós" como fiz por todo este texto, mas isso está sugerido como uma aspiração. Uma leitura que aspira é aquela que busca soprar vida nos textos que foram lidos de formas fixas por muito tempo, ou que busca usar o texto para oferecer renovação em um tempo imerso em angústia e perda.[11] Não somos completamente distintos uns dos outros (nem somos completamente iguais), pois já estamos implicados na vida dos outros antes de qualquer contrato ou consentimento. Pode ser que nos oponhamos a esse fato e ao que ele implica para a proximidade, a interdependência, o caráter inescapável das próprias relações sociais. Talvez porque sejamos interdependentes em matéria de sobrevivência e pervivência,[12] ou porque compartilhamos um mundo de ar e superfície, de toque e respiração, temos a obrigação comum de encontrar uma maneira de regular questões como a poluição do ar, a transmissão viral, os contatos corpóreos, os acidentes de trabalho, a violência sexual. Essas regulações têm um custo que muitas pessoas não estão dispostas a pagar, aquelas para as quais os direitos de destruir estão vinculados ao seu senso de liberdade

---

[11] Ver Fred Moten (2017).

[12] "*Survival and living on.*" A escolha do neologismo "pervivência", proposto por Haroldo de Campos a partir da leitura da obra de Walter Benjamin, justifica-se pela diferenciação conceitual entre uma mera sobrevivência (*Überleben*) e a efetiva continuidade da vida (*Fortleben*). A esse respeito, ver a nota de tradução de Jeanne Marie Gagnebin no ensaio de Benjamin "A tarefa do tradutor", em *Escritos sobre mito e linguagem* (2011, p. 104). [N.T.]

individual e ao direito de lucro. São problemas com que temos de lidar, porque a vida social e econômica está organizada em formas históricas específicas, e temos de lutar para exercer o poder de definir essas formas. Ao mesmo tempo, há domínios, zonas ou campos, pressupostos por essa própria organização social, sem os quais a vida corporificada não pode ser pensada e que incluem a condição de ser violável, a impressionabilidade, a paixão e a suscetibilidade. Embora certamente objetemos contra as formas como somos feitos *socialmente* vulneráveis, isso não significa que possamos desconsiderar a vulnerabilidade corpórea. Podemos objetar contra o tipo de ar que respiramos e aprovar regulações – como temos de fazer – para mantê-lo saudável para nós e para todas as formas de vida que dependem dele, mas ninguém pode desconsiderar a nossa necessidade de ar para sobreviver. Na verdade, essa exigência forma a base de nossas reinvindicações, a sua primeira premissa. Mesmo que digamos que não há necessidades primárias que não sejam socialmente organizadas, isso não implica que essas necessidades sejam simples efeitos da organização social. Essa linha de argumentação se segue de uma má compreensão da doutrina da construção social. Quando atmosferas tóxicas entram nos corpos, tornando-se parte de sua formação, seu desenvolvimento é afetado junto a seus órgãos, tais como ossos e pulmões; estamos nos referindo à construção social dos corpos e, às vezes, à construção social do sexo. Essa não é uma ficção imposta sobre uma superfície, mas uma forma como a atmosfera entra em nossos próprios corpos e determina nossas perspectivas de vida.[13] O que chamamos de requisitos ou necessidades primárias são sempre socialmente organizados, mas não, por essa razão, socialmente gerados por completo. Ao contrário, as necessidades e os requisitos provocam a organização social, ambos emergem juntos, mas justamente porque há muitas formas de organizar socialmente as necessidades vemos a divergência entre a necessidade e sua organização social. Talvez a palavra "necessidade" também seja desnecessária e possa haver outra maneira de designar os requisitos primários da vida, condições que precisam ser satisfeitas para a continuação e a persistência da vida, mas o fato de que temos de buscar por uma palavra implica que há algo aí a ser nomeado. Minha aposta é que os *Manuscritos econômico-filosóficos*, de Marx (1975 [2010]), sejam um lugar para explorar essa questão.

Contudo, Merleau-Ponty nos distancia de uma abordagem das necessidades básicas centrada no sujeito. Ele não questiona o que requer um único sujeito humano, mas nota que os requisitos da socialidade emergem de engajamentos corpóreos com o mundo, quando as dimensões sensíveis do mundo tomam o sujeito no curso de sua formação. Consequentemente, quando fazemos referência ao toque, não nos interessamos apenas pelo sujeito capaz de tocar, o sujeito

---

[13] Ver Catherine Clune-Taylor (2021). Ver também a discussão proposta por Ruthie Gilmore (2007, p. 28), em que ela define o racismo como um "estado sancionado ou extralegal de produção e exploração extralegal da vulnerabilidade à morte prematura de um grupo diferenciado". Esses *insights* são cruciais para o campo da epidemiologia social.

que consente ser tocado ou o sujeito que visa buscar outro por meio do toque, ainda que esses sejam tópicos cruciais. O toque é, de certa forma, subsumido sob o tentacular, como descrito por Bruno Latour (2017 [2020]), Isabelle Stengers (2015) e Donna Haraway (2016). Para Merleau-Ponty, o tangível nos agarra: o visível é um campo que orquestra minha visão em função do ser visto. Essa complicada reversibilidade mostra-se novamente quando minha reflexividade é sobreposta em uma relação com os outros e com objetos – e na relação destes comigo. O campo em que agimos pode aparecer de início como um terceiro termo mediador entre o sujeito e o outro, mas, na realidade, ele desarticula a dicotomia sujeito/objeto quando atravessa ambos. Na verdade, *o mundo* pode muito bem provar-se um termo, e todos esses campos aos quais me referi podem ser formas como o mundo dá mostras de suas possibilidades – em e por meio dos sentidos e da experiência corpórea, agora redefinida como uma implicação inextricável na dimensão sensível dos outros, das criaturas vivas, dos objetos e do controverso e estriado mundo em comum.

Se estivermos, por assim dizer, atados um no outro, ou se nossas vidas implicarem outras vidas que são igualmente dependentes dos domínios do toque e da respiração, então, quando levanto a questão ética de como melhor viver durante a pandemia, tenho de me reorientar para além do individualismo e do nacionalismo. Partindo dessa cena de implicação mútua, pergunto-me, então, como agir e o que fazer em situações como a pandemia, vejo que meu fazer já está vinculado ao seu, o que significa que esse fazer não é somente meu e que, ainda que haja certamente distinções entre nós, não é fácil escapar dessa relação de implicação mútua. Uma razão para essa inter-relação é que dependemos e compartilhamos dos campos do tangível, do visível, do respirável e também do comestível e do ingerível como requisitos para acolhimento e assistência de vários tipos, incluindo serviços de saúde e estruturas que viabilizam a vida. É claro que a dependência pode ser terrível; ela pode assumir a forma da exploração, do aprisionamento e da despossessão legal; também pode ser o cenário da dominação ou da involuntária perda de si. Nesses casos, a reciprocidade desaparece, assim como ideais de igualdade. Por isso, a tarefa é menos uma simples afirmação da interdependência e mais um esforço coletivo para encontrar e forjar a melhor forma de interdependência, aquela que mais claramente incorpore os ideais de igualdade radical.

A ética é, até certo ponto, uma questão de reconhecer esses vínculos e as dependências parcialmente compartilhadas de tais condições da vida e do viver, que existem antes de quaisquer ações deliberadas, que formam o horizonte pelo qual tais deliberações podem tomar lugar. Mesmo que os vínculos sejam concebidos como parte de uma ontologia social, isso não significa que possam ser presumidos como existindo em ato. Ao contrário, nossa tarefa é estabelecer, como se fosse a primeira vez, uma relação recíproca que não se dissolva nem em interesse próprio nem em comunitarismo (o álibi para o racismo), tampouco em identidade nacional (o álibi para a violência nas fronteiras). A tarefa seria repensar a relação ética como entrelaçamento ou sobreposição – ou, mesmo, como quiasmática –, ao mesmo tempo que imaginamos a igualdade à luz desse pano de fundo. O "eu" distinto manteria sua singularidade, mas não seria mais o fundamento de tal ética. Não o seria porque tal fundamento é produzido por uma negação da interdependência e da relacionalidade, e, por isso, precisa ser virado de pernas para o ar.

Comecei este livro retornando brevemente a Scheler para pôr a questão: *que valor, ou conjunto de valores, é destruído na formação-mundo chamada trágica?*. Suponho que a pandemia tenha me levado a Scheler, em parte, porque parece estar acontecendo uma destruição da igualdade do valor das vidas como ideal, ou que, nestes tempos, isso está em risco de acontecer. A destruição do valor acontece quando vidas são tiradas, destruídas ou deixadas para morrer sob condições em que a morte seria evitável. É o valor da vida, um valor que só faz sentido à luz da reivindicação de que *todas* as vidas são iguais ou deveriam ser tratadas igualmente. Isso pode parecer paradoxal, já que a valoração desta ou daquela vida, como vislumbrado em memoriais e memórias, geralmente baseia-se em sua singularidade e em seu valor. Por essa razão, há quem tenha medo de afirmar a igualdade de valor, que ameaçaria a valoração singular desta ou daquela vida com a perda de sua singularidade ou, na verdade, de seu valor em si, pressupondo que esse valor se encontre em sua singularidade. Contudo, quando numerosas pessoas são mortas por ataques, bombardeios, acidentes e doenças, o luto público deve advir, e as vidas perdidas devem ser valoradas. O valor perdido é aquele que é compartilhado ou que, de alguma maneira, pertence às pessoas como grupo. É surpreendentemente difícil falar sobre o valor da vida ou das vidas dessa maneira, já que *valor* como um termo tem sido profundamente cooptado pelo mercado e pelo *valor* financeiro. Alguns dos obituários de pessoas que morreram em acidentes, por exemplo, baseiam-se em formas de geração de valor que vêm do capital humano, como quando a profundidade e o valor da perda estão ligados às conquistas da pessoa e ao potencial de gerar valor futuro, implicando a possibilidade de prever qual seria, com o decorrer do tempo, a apreciação de seu valor como pessoa.[14] Raramente vemos obituários públicos exaltando a pessoa que perdeu seu trabalho ou que, por várias razões, foi incapaz de fazer muito de qualquer coisa que pudesse ser avaliada pela métrica neoliberal. Se for uma mulher, ela rapidamente é enquadrada na esfera doméstica, cujo valor consiste em criar as crianças ou cuidar da vizinhança. Os valores de mercado e neoliberais não podem comunicar o valor das vidas perdidas, já que eles são parte do próprio maquinário da perda, vetores da pulsão de morte que avaliam a cotação do mercado à custa das vidas que o mantém aberto.

No primeiro capítulo, tratei da métrica do valor que indústrias e universidades seguiram durante a pandemia, e dos cálculos, silenciosos ou vocalizados, que foram feitos sobre as mortes. Quantas mortes constituem um preço razoável a pagar pela revitalização dos mercados? Quais são os valores que animam tais cálculos e quais deles são destruídos, levando à exclamação: *que tipo de mundo é esse!*, provocando uma acusação a esse mundo, um chamado urgente a animar ou renovar

---

[14] Sobre capital humano, ver Michel Feher (2009).

um sentido diferente de mundo, governado por outro conjunto de valores coletivos?

 A questão de uma taxa de mortes razoável é usualmente posta por aqueles que não consideram a si mesmos como um possível fator da equação. Aquele que calcula um nível aceitável de mortes geralmente não aparece nas estatísticas fornecidas como uma criatura mortal, potencialmente contável entre as que morreram. O ato de calcular parece retirar a criatura humana da esfera da finitude e produz um grupo de outros cujas vidas e mortes podem ser calculadas. O cálculo parece salvar quem calcula de uma morte calculável – ao menos no domínio da fantasia. Na verdade, o cálculo da morbidade não traz sempre consigo mesmo uma dimensão de fantasia? O que podemos chamar de forma de cálculo pós-soberana ou neossoberana faz surgir uma espécie de desigualdade que se baseia em uma métrica da enlutabilidade – quais vidas, se perdidas, contariam como uma perda, entrariam no registro de perdas, ou mesmo levantam a questão sobre o estatuto de uma perda incalculável. E de quem é a morte que pode ser silenciosamente calculada sem mesmo ser nomeada como tal. Em tais casos, a desigualdade social trabalha junto à violência necropolítica.

 Se a pandemia tivesse apenas gravado firmemente na consciência pública os contornos da desigualdade inerente às instituições e às esferas domésticas e públicas, exacerbando para muitas pessoas o sentido vivido de perigo associado ao local de trabalho, ao lar e à rua, teria sido traçado um caminho mais claro para a resistência. Se a pandemia tivesse simples e claramente ressaltado a necessidade da justiça climática e convocado pessoas ao redor do globo para se juntarem nesse movimento notável e importante, teria sido delineado outro caminho de mobilização política. Porém, independentemente de qual seja a política que estamos construindo agora, precisamos considerar essas duas questões para nos opormos a ambas as formas de destruição.[15] Além disso, as comunidades de cuidado que emergiram durante esta pandemia constituíram novas e vivificantes formas de vida social, expandindo a noção de acolhimento para além do âmbito da casa e da nação, e o mesmo poderia ser dito sobre a arte pública, agora on-line, que nos fez ouvir e assistir de novas maneiras. Porém, a violência policial contra pessoas racializadas, homens e mulheres, pessoas trans, indígenas e travestis em lugares como o Brasil e os Andes, ou nas terras não concedidas[16] nos Estados Unidos e no Canadá, coincide

---

[15] Ver "Race and Climate Reading List". Disponível em: https://bit.ly/3FkkFdp. Acesso em: 5 set. 2022.

[16] O uso da expressão *"unceded land"* marca o fato de que as Primeiras Nações – povos indígenas nos territórios atualmente conhecidos como Estados Unidos e Canadá – nunca concederam, em sentido legal, as terras ocupadas pelos brancos. Esse uso é um lembrete e serve para produzir desconforto ao manter a ideia de ocupação ilegal e afirmar a permanência do colonialismo no presente, semelhantemente ao efeito dos *land acknowledgments*, que poderíamos traduzir como "reconhecimentos territoriais", declarados na abertura de eventos públicos, inclusive acadêmicos, com o objetivo de situar quem fala na história colonial. As declarações exigem pesquisa sobre o passado de determinado território, sobre a presença contemporânea de indígenas no local, sobre os nomes dos povos violentados, ainda hoje, por essas ocupações. Normalmente, são feitas com a simples nomeação de um ou mais povos indígenas e a afirmação de que eles não concederam as terras. Por fim, é importante notar

com formas sistemáticas de deixar morrer, promovidas e aceitas pelos entusiastas do mercado que operam à guisa do realismo econômico.

Uma proposta é perseguir um capitalismo responsável em uma pandemia, que não abandone grupos vulneráveis ou que garanta que esses grupos possam se isolar de forma a proteger seu sistema imunológico. Mas isso não é suficiente. Certamente compreendo o esforço de identificar "grupos vulneráveis" – aqueles mais predispostos a desenvolver uma doença devastadora e mortal quando contaminados pelo vírus, em contraste com aqueles que não estão em risco de perder a vida por causa do patógeno. O grupo dos vulneráveis inclui as comunidades de pessoas racializadas, privadas de serviços de saúde adequados por toda a vida e por toda a história desta nação, e as pessoas pobres, imigrantes, encarceradas, deficientes, trans e queer que lutam pelo direito à saúde, assim como todas aquelas com doenças preexistentes e que têm alguma condição médica persistente. A pandemia expôs a elevada vulnerabilidade à doença de quem não tem acesso a serviços de saúde ou não pode arcar com eles. O ponto, contudo, não é isolar tais grupos, mas criar e sustentar condições na vida pública para a igualdade de poderes e direitos de pertencimento. Para isso, o valor de mercado nunca pode ser o guia. Aqueles que exclamam com felicidade

---

que há um movimento crescente, nos Estados Unidos e no Canadá, que entende o ponto de partida da descolonização como devolução do que foi tomado violentamente, não como forma de substituição de proprietários, mas, precisamente, no sentido de desfazer as relações com a terra que vieram da Europa, reabrindo a possibilidade de um *mundo comum*. [N.T.]

que "apenas 2 mil pessoas morrem por dia!" durante a onda da variante ômicron indicam um número que não apenas estão dispostos a aceitar, mas que também estão defendendo ardentemente.

Talvez haja pelo menos mais duas observações provisórias sobre a vulnerabilidade que decorrem disso: a vulnerabilidade descreve uma condição compartilhada da vida social, da interdependência, da exposição e da porosidade; ela nomeia a maior probabilidade de morte das pessoas marginalizadas, compreendida como a consequência fatal de uma disseminada desigualdade social. Sim, muitas pessoas que morreram devido à variante ômicron não estavam vacinadas, mas o sentimento antivacina é apenas parcialmente responsável por essas mortes. Há boas razões para que muitas pessoas desconfiem dos comunicados que vêm de governos necropolíticos. Algumas delas têm pouco acesso à educação vacinal ou às vacinas, enquanto para outras as vacinas podem não funcionar, dado o seu comprometimento imunológico. O utilitarismo triunfante é apenas outra maneira de dizer "deixe-as morrer".

Capítulo 4
# A enlutabilidade pelos viventes

Tradução de Petra Bastone

Em *A força da não violência*, meu livro de 2020,[1] argumento que a distinção entre o enlutável e o não enlutável faz parte do próprio funcionamento e do significado da desigualdade social e econômica, mas também é efeito, ou mesmo expressão de sua violência (BUTLER, 2020 [2021]). O que significa ser enlutável? Podemos considerar que uma pessoa ou um objeto perdido seja enlutável ou não enlutável querendo, com isso, ou bem dizer que essa pessoa ou objeto é publicamente marcada ou reconhecida, ou bem que se foi sem deixar rastros, sem ser reconhecida, tendo pouco reconhecimento. É claro, um grupo específico pode enlutar uma perda intensa e duradoura, mas a perda e o luto não aparecem nos radares dominantes que pautam

---

[1] A autora está se referindo a *The Force of Non Violence: An Ethico-political Bind*, lançado nos Estados Unidos em fevereiro de 2020 e editado no Brasil em 2021 [*A força da não violência*. Tradução de Heci Regina Candiani. São Paulo: Boitempo, 2021.] [N.T.]

133

o valor do humano. Argumentos como o meu se baseiam em uma concepção de "reconhecimento"[2] que

---

[2] "*Acknowledgment.*" Neste capítulo, Butler recorre a dois termos – "*knowledge*" e "*acknowledgment*" – referindo-se à própria concepção de luto já trabalhada, para mencionar apenas alguns títulos, em *A vida psíquica do poder* (Autêntica, 2017), *A reivindicação de Antígona* (Civilização Brasileira, 2022) e *Quadros de guerra* (Civilização Brasileira, 2015). Para esses dois termos, a tradução privilegiou o sintagma "reconhecimento", considerando, principalmente, as escolhas das obras da autora publicadas no Brasil, que não estabelecem uma distinção clara entre os termos "*recognition*" e "*acknowledgment*". É necessário, no entanto, registrar a presença dessa distinção semântica em diversos momentos de seu percurso teórico. Desde *Subjects of Desire*, sua tese de doutorado sobre Hegel, Butler se dedica a pensar sobre determinada concepção de reconhecimento que, no interior da tradição filosófica moderna, privilegia o tema das relações intersubjetivas no processo de formação política, social e ontológica do sujeito. De fato, o sentido de um efetivo reconhecimento (*Anerkennung*) na *Fenomenologia do Espírito*, de Hegel, difere de uma possível noção epistemológica de re-conhecimento (*Erkenntnis*), presente em *Luto e melancolia*, de Freud, e entendido, aqui, como tomar conhecimento, estar ciente. Se, para o primeiro, é por meio da própria noção conceitual e processual que se reorganiza toda e qualquer relação com a alteridade, para o segundo, parece existir uma espécie de concepção mais primária remetida à mera constatação da perda de uma pessoa ou objeto. Butler não privilegia um sentido em detrimento de outro, mas procura tornar essas duas noções interligadas. Assim, embora exista uma possível ambiguidade entre "*recognition*" e "*acknowledgment*", é preciso levar em conta que, na maior parte das vezes, essas noções se perdem no percurso da tradução. Optamos, assim, pela tradução do termo "*acknowledgment*" por "reconhecimento" – no sentido freudiano –, marcando o caráter ambíguo próprio à enlutabilidade. A esse respeito, ver, especialmente, as observações de Butler na seção "Apreender uma vida", do primeiro capítulo de *Quadros de guerra* (2015, p. 14-19). [N.T.]

talvez pareça ambígua. Recorro a "Luto e melancolia", de Freud, para quem o luto consiste em reconhecer a perda, registrar sua realidade e desfazer as muralhas de defesa contra o estar ciente do próprio evento da perda. Esse tipo de reconhecimento é uma luta que leva tempo, um esforço sincopado de entrar em contato com uma perda que pode ser difícil de entender ou aceitar. Freud afirma que tal reconhecimento geralmente acontece pouco a pouco, quando momentos diferentes da realidade confirmam que uma pessoa ou um objeto se foi irreversivelmente. Com o tempo, passamos a ver ou sentir que alguém se foi; na linguagem freudiana, a "prova de realidade" é proferida ao longo do tempo, conforme as marcas de que a pessoa não está mais aqui (FREUD, 1957, p. 255 [2016, p. 101]). Em linguagem fenomenológica, pode-se dizer que uma pessoa agora é presente, de maneira irreversível, no modo de ser daquilo que já se foi. A melancolia, para Freud, é frequentemente descrita como o fracasso em reconhecer o acontecimento da perda, uma forma de negação feroz e inconscientemente sustentada, que assume a forma externa de queixa, abatimento ou autorrecriminação.

A diferença, então, entre luto e melancolia parece depender da questão do reconhecimento. Desde *Problemas de gênero*, procurei estender a análise da melancolia para além da psique individual, a fim de compreender como uma forma cultural mais ampla se estabelece quando certos tipos de perda não podem ser marcados ou valorados. Sob condições em que o amor e o apego não podem ser reconhecidos e em que perdemos esse amor, não se pode reconhecer nem o amor nem a perda. E isso deixa a pessoa em uma condição melancólica que inclui elementos de depressão e mania ou é caracterizada, precisamente, pela oscilação entre as duas (BUTLER, 1990, p. 73-84 [2017, p. 125]). Considerando a melancolia, importa o *que* se perde; pode ser uma pessoa ou o amor dessa pessoa, mas Freud deixa claro que também pode ser um ideal, uma fantasia de quem essa pessoa deveria ter sido, ou mesmo um ideal de nação. A perda da vantagem demográfica branca em vários estados dos Estados Unidos implica que os supremacistas brancos têm de perder sua fantasia de supremacia, um ideal que nunca foi possível e nunca deveria ter sequer sido cogitado. Ao protestarem contra a igualdade, recusam uma perda que agora são obrigados a enlutar. Esperamos que terminem esse processo logo.

No início da minha carreira, sugeri que o gênero pode ser parcialmente construído pela melancolia, uma vez que algumas versões da cismasculinidade dependem da negação de qualquer tipo de amor por outros homens. Para muitos, ser homem significa precisamente nunca ter amado outro homem e nunca ter perdido um homem (BUTLER, 1990, p. 88 [2017, p. 125]). Esse "nunca ter" amado e perdido é uma negação que faz parte da construção do gênero, uma formação melancólica que constitui um vínculo inconsciente entre aqueles que residem nessa versão de masculinidade. Da mesma maneira, quando um homem afirma que nunca foi ou seria gay, trata-se de uma espécie de contestação, como se respondesse a outra voz, proveniente de outro lugar, que o desafiasse. Essa contestação interdita o reconhecimento da perda, mas também pode ser lida como uma forma de reconhecimento desfigurada. E se os sentimentos do desejo gay fossem considerados relativamente comuns, "endêmicos" ao tecido social? Uma pergunta que fiz décadas atrás foi se esse tipo de melancolia de gênero teria certa generalidade cultural, e se poderíamos falar de uma melancolia cultural, comumente encontrada entre homens heterossexuais, cuja masculinidade depende mais ou menos da firme negação do mero pensamento sobre desejos possivelmente gays. Claro, sabemos que existe uma ampla gama de masculinidades nas vidas cis, queer e trans que não se relacionam com esse tipo de negação, mas talvez haja um tipo normativo que ainda se encaixe nesse perfil. Naquele momento, fui em parte guiada pelo estudo de Alexander Mitscherlich e Margarete Mitscherlich, *The Inability to Mourn* (1975), que documenta uma melancolia generalizada na cultura alemã durante os anos do pós-guerra. Parece que as pessoas não conseguiram reconhecer ou enlutar suas próprias perdas, ou, na verdade, sua própria destrutividade, e foram, de fato, assombradas por experiências de destruição e perda que não conseguiram nomear com exatidão. A pressa de sair do período nazista para o *boom* econômico da década de 1950 trouxe uma mania pelo mercado e seu sentido específico de futuridade,[3] uma sensação

---

[3] "Não há alternativa", dizia o slogan neoliberal de Margaret Thatcher. Podemos dizer que, no neoliberalismo, a imaginação coletiva sobre o futuro, suas possibilidades e sua relação com o presente (o sentido de futuridade) são constrangidas pelo que Mark Fisher chamou de "realismo capitalista" (ver o livro homônimo traduzido pela Autonomia Literária em 2020), impecavelmente expresso na frase usada por ele e outros autores: "É mais fácil imaginar o fim do mundo que o fim do capitalismo". O sentido de futuridade que acompanha o mercado, no neoliberalismo, é aquele envolvido na submissão

generalizada de depressão, o que Freud – seguindo precedentes modernos – chamou de melancolia, que então emergia de uma condição cultural.

Nos últimos anos, tentei pensar sobre guerras e ataques públicos à vida humana e fiz a pergunta: *que vidas são passíveis de luto público e que vidas não são?* (Butler, 2004; 2009 [2019; 2015]). Desde então, pareceu-me significativo o fato de os Estados Unidos nunca enlutarem pessoas mortas pelo Estado, mas apenas a morte de seus próprios cidadãos, principalmente dos brancos, casados e proprietários em detrimento das pessoas pobres, queer, racializadas ou sem documentos. Os seres humanos já carregam uma noção do que seria pertencer a uma classe enlutável, por assim dizer. Quando dizemos que uma pessoa viva é enlutável, afirmamos que ela seria enlutada caso a perdêssemos. É também afirmar que o mundo está ou deveria estar organizado para oferecer sustentação a essa vida, para apoiar o futuro em aberto dessa vida. E quem vive com a sensação de que não há garantia de alimento, abrigo ou serviços de saúde também convive com a sensação de ser dispensável. Viver com a sensação somática de ser dispensável é viver com o sentimento de que se poderia morrer e pas-

---

de todos os aspectos da existência humana a cálculos de investimento preocupados exclusivamente com um valor mercadológico, como também podemos ver em *Nas ruínas do neoliberalismo*, de Wendy Brown (Editora Filosófica Politeia, 2019). Ou seja, um sentido de futuridade que não prevê um mundo significativamente outro para o futuro, mas apenas a reformulação indefinida do presente, aceleração e acúmulo, sem grandes sonhos para além do consumo como forma de vida. [N.T.]

sar pela terra sem deixar marcas e ter reconhecimento. Há uma convicção vivida de que a própria vida não importa, ou melhor, de que o mundo é organizado – a economia é organizada – para que algumas vidas sejam protegidas, e outras, não. Quando, após um surto pandêmico, ciente de que algumas pessoas vão morrer, a economia começa a operar, uma classe de pessoas dispensáveis é estabelecida. Trata-se de um momento fascista que surge em meio a um cálculo de mercado. Vivemos um tempo em que essa forma de cálculo ameaça tornar-se norma. Temos aqui, de fato, uma racionalidade e um poder que devemos combater em nível global e cotidiano.

Assim, viver com a sensação de não ser enlutável significa compreender que se é parte dessa classe dispensável, sentir o abandono enquanto instituições básicas de cuidado também, uma a uma, mais uma vez, são negligentes. Esse tipo de melancolia participa do sentido de uma futuridade foracluída, que acompanha a sensação de fracasso permanente em relação a uma rede de segurança, talvez sobrecarregado com uma dívida impagável, em busca de serviços de saúde inatingíveis, ou submetido à moradia esporádica e à renda incerta. Se essa vida não é considerada digna de proteção, então é uma vida sem valor? Ou terá sido o próprio "valor" capturado por uma métrica cuja cotação devemos questionar radicalmente? E que sentido de valor é atribuído – deve ser atribuído – às vidas? Esse valor pertence a que métrica?

Venho argumentando que não é possível entender a desigualdade social sem a compreensão de como a enlutabilidade é distribuída desigualmente.

Essa distribuição desigual é um componente-chave da desigualdade social, que em geral não tem sido levado em conta pela teoria social. Segue-se disso que a designação, explícita ou implícita, de um grupo ou população como não-enlutável significa que esse grupo pode ser alvo violência ou abandono à morte, sem consequências. Tal direcionamento pode estar implicado em um conjunto de políticas e teorias e prescinde da vontade deliberada de qualquer ator social. Assim, o tipo de desigualdade social estabelecido pela enlutabilidade diferencial qualifica-se como uma forma de violência institucional. A meu ver, a luta por uma política não violenta é ao mesmo tempo uma luta pelo valor igual das vidas e contra a lógica letal, as métricas necropolíticas que continuam a demarcar (ou deixar sem marcas) populações como dispensáveis, vidas como não dignas de proteção, vidas como não dignas de luto. Para recapitular as duas partes do meu argumento: (1) a luta contra a desigualdade social tem de ser uma luta contra a enlutabilidade diferencial; e (2) essa luta também faz parte de uma política não violenta. A não violência não é apenas se opor a este ou aquele ato de violência, mas se opor a instituições e políticas violentas e a Estados que marcam oficialmente populações para morrer ou as deixam morrer em condições privativas. Podemos pensar aqui, sem dúvida, na política cruel da União Europeia em relação a imigrantes, assim como na hedionda criminalização de agentes humanitários que buscam preservar a vida das pessoas que tentam cruzar o Mediterrâneo quando Estados-nações as rejeitam.

Pode ser que, sob condições pandêmicas, estejamos sofrendo de alguma variação da melancolia. Como seria possível enlutar tantas pessoas? Será que sabemos nomear o que perdemos? Que tipo de demarcação pública ou monumento começaria a lidar com essa necessidade de luto? Sentimos em toda parte a ausência da marcação, a lacuna no interior do mundo sensível. Que maneiras restam para que possamos nos conectar quando os encontros são altamente restritos, angustiantes ou intermitentes, designados como uma forma de luto? Muitos de nós já participaram dos memoriais on-line no Zoom e estão cientes da dificuldade dessa prática. A impossibilidade de visitar uma pessoa próxima em um hospital antes de morrer, a impossibilidade de se reunir com quem a conhece, tudo isso cria uma experiência complicada de perda, em que o reconhecimento não pode acontecer facilmente, de modo aberto e comunal. Muitas pessoas que sofreram perdas retornaram à esfera doméstica como lugar exclusivo do luto, privadas de encontros públicos em que essas perdas seriam demarcadas e comumente registradas. A internet foi plenamente reivindicada como lugar da nova esfera pública, mas não pode nunca substituir totalmente os encontros, privados e públicos, que permitem que as perdas sejam compreendidas e vividas com o outro. Se nos reunimos, mantemos distância, esforçamo-nos para abraçar de maneiras constrangedoras, beijamos com uma sensação generalizada de angústia. É possível viver uma experiência de luto inteiramente privada, mas terá essa experiência a capacidade de liberar ou acalmar o choro, contar as histórias, entoar as canções que pedem ao mundo que testemunhe a singularidade dessa perda, no interior de um tecido social em que as vidas sejam entrelaçadas? Como frequentemente é o caso em perdas públicas de tal magnitude e frequência, há sempre questões políticas vinculadas à demanda por um luto público. No início da pandemia, as imagens de corpos empilhados no Equador ou em armários em Nova Jersey e no norte da Itália nos tornaram cientes, em termos gráficos, do quão sobrecarregadas e subfinanciadas estavam as infraestruturas hospitalares, destituídas do poder de cuidar das pessoas vivendo em privação. Muitas vezes, as imagens de pessoas mortas e moribundas eram exibidas em clipes sensacionalistas. O isolamento reforçava tanto uma sensação de atmosfera de morte quanto uma prática compartilhada de deflexão: "não vamos nos concentrar no negativo!". A tarefa, porém, é converter esse sentimento de perda em luto e demanda. Aprender a enlutar a morte em grande escala significa demarcar a perda de uma pessoa cujo nome você talvez não conheça, cuja língua você pode não falar, que vive numa distância intransponível de onde você vive, insistindo em um enquadramento global da nossa desorientação. Não é preciso conhecer a pessoa perdida para afirmar que *ali havia uma vida*. Não precisamos estar cientes de todos os detalhes de uma vida para constatar sua existência. O direito de pertencer ao mundo é anônimo, o que não o faz menos obrigatório. No discurso público, o que capta nossa atenção é a vida abreviada, a vida que deveria ter tido a chance de viver mais. Pessoas idosas estão a caminho da morte (e o resto de nós não está?). Qualquer que seja a idade ou o valor que essa pessoa tem na vida dos outros, uma forma de reconhecimento vem da constituição, de um eco vivo, vem de uma ferida ativa ou de um rastro que transforma a pervivência. Só porque outra pessoa sofre de uma maneira que não sofri não significa que seu sofrimento seja impensável para mim. Nossos vínculos são forjados a partir de ecos, traduções, ressonâncias, ritmos e repetições, como se a musicalidade do luto ultrapassasse fronteiras em virtude de seus poderes acústicos. A perda sofrida por uma pessoa desconhecida ecoa o sentimento de perda pessoal, mesmo não sendo igual; ecoa justamente porque não é. Um intervalo se torna conexão. E, no entanto, pessoas desconhecidas em luto têm formado um tipo de coletividade.

Os modos de cálculo e especulação de mercado, que têm aceitado a morte de muitas pessoas como preço a se pagar pelo apoio à "saúde" da economia, aceitam esse sacrifício como um preço razoável, uma norma razoável. E, sim, essa consequência passou a ser qualificada como "razoável" nessa racionalidade particular. Porque a racionalidade de mercado não exaure a racionalidade, e porque a racionalidade calculável naufraga em seu próprio limite, podemos – mesmo sem uma definição sólida ou única da vida – afirmar o valor incalculável das vidas. O dilema é construir uma noção de igualdade social que, em vez de negar esse valor incalculável, incorpore-o.

Foi, de fato, a partir da leitura de *Crise das ciências europeias*, de Husserl, que Jacques Derrida, recorrendo a Kant, derivou o valor incalculável da vida. Ao buscar compreender "a possibilidade de um incalculável que não é nem irracional nem duvidoso", Derrida sugeriu o seguinte:

> Uma incalculabilidade racional e rigorosa se anunciou *como tal*, justamente, na maior tradição do idealismo racionalista. A racionalidade do racional

não é nunca limitada, como se pode tentar fazer crer, à calculabilidade, à razão como cálculo, como *ratio*: como conta, como conta a pagar ou contas a prestar. Tiraremos algumas consequências disso mais adiante. O papel que a "dignidade" (*Würde*) desempenha, por exemplo, na *Fundamentação da metafísica dos costumes*, pertence à ordem do incalculável. No reino dos fins, ela se opõe ao que tem um preço de mercado (*Marktpreis*) e pode dar lugar a equivalências calculáveis. A dignidade de um ser razoável (a pessoa humana, por exemplo, que para Kant é o único exemplo) é incalculável como fim em si (DERRIDA, 2003, p. 25).[4]

Gostaria que Kant tivesse invocado esse argumento para desafiar seu próprio apoio à pena de morte (quando afirmou que nossas vidas pertencem ao Estado e, portanto, podem ser justificadamente retiradas pelo Estado[5]), mas podemos deslocar suas ideias em uma direção mais arendtiana: nós pertencemos ao mundo. Lembremos que Hannah Arendt nos disse que Adolf Eichmann não tinha o direito de escolher com quem ele coabitaria a terra (BUTLER, 2011, p. 280-295). Eichmann não podia dizer que queria viver em um mundo sem judeus ou qualquer outro grupo de humanos vivos, uma vez que essa escolha não é dada aos humanos. Segundo Arendt, humanos carecem de tal direito e, quando buscam obliterar um grupo de pessoas da face da terra, estão exercendo uma prerrogativa

---

[4] Traduzido do original em francês: DERRIDA, Jacques. Le "Monde" des Lumières à venir (exception, calcul et souveraneté). In: *Voyous*. Paris: Galilée, 2003. p. 186. [N.T.]

[5] Ver Kant (1996 [2013]).

genocida para a qual não há justificativa. Para Arendt, as criaturas humanas nascem em uma condição de coabitação comum, marcada por uma heterogeneidade ou pluralidade persistente, e essa pluralidade dada consiste no horizonte em que deliberamos e agimos. Mas, se agirmos contra esse horizonte, cometemos um crime contra a própria condição da vida humana, entendida como a vida social e política. Claro, há a possibilidade de não amar ou aprovar as conexões sob as quais nascemos – raramente escolhemos nossa família, por exemplo. Mas as obrigações da coabitação nem sempre nascem do amor ou mesmo da escolha; as relações entre nós, a socialidade, vai além do parentesco, da comunidade, da nação e do território. Leva-nos, isso sim, em direção ao mundo. Sem dúvidas, o amor de Arendt pelo mundo pode muito bem nomear essa disposição para assegurar as condições de coabitação, mas, ainda assim, o que fazer da enorme potência que carregamos de destruir aquilo de que a própria vida depende? Que tipo de criatura somos, ou que tipo de criatura nos tornamos, que pode tão facilmente destruir as condições de sua própria vida?

    Tendo sugerido que a interdependência descreve uma condição de vida necessária e estranhamente compartilhada – os riscos e as paixões da exposição corporal, da porosidade, de deixar algo entrar ou sair, de existir, por assim dizer, nesse limiar e na travessia dessas passagens. Quando a desigualdade social implica uma probabilidade maior de morrer, então a porta para o futuro é uma igualdade social mais radical e substantiva, uma forma de liberdade coletiva mais atenta, uma mobilização em massa contra a violência em suas formas explícitas e fugitivas. Se procuramos reparar o mundo ou, de fato, o planeta, então o mundo deve ser desatrelado da economia de mercado que trafica e lucra com a distribuição da vida e da morte. Uma política da vida não seria uma política reacionária nem se reduziria a um simples vitalismo. Em vez disso, seria uma reflexão sobre as condições compartilhadas de vida, com o propósito de realizar uma igualdade mais radical e honrar um mandato não violento de caráter global. Talvez essa seja uma maneira de começar o mundo novamente – mesmo que esse mundo já esteja a caminho – para, por assim dizer, corrigi-lo em direção ao futuro, para que um novo imaginário emerja dos fantasmas do presente, do horizonte liminar deste mundo.

Pós-escrito
# Transformações

Tradução de Luís Felipe Teixeira

Tenho notado certa expectativa de que uma consideração sobre a enlutabilidade diga respeito apenas a quem já morreu, mas o meu argumento é de que a enlutabilidade já está operando na vida como uma característica atribuída a criaturas vivas, aquelas que andam por aí sabendo que a sua vida, ou a daquelas que amam, pode muito bem desaparecer a qualquer momento, sem deixar uma marca apropriada. Algumas pessoas já sabem que serão ou poderão ser sujeitadas à morte violenta e precoce, seus dias passando à sombra dessa condenação. Considere o colapso repentino ou gradual do mundo que compele à fuga, a confiar no terrível desconhecido que transportará sua família pelo Mediterrâneo, um cara motivado pelo lucro e dono de uma embarcação mal construída, que, no fim das contas, acabará expulso pelas autoridades de Malta; ou emborcando sem esperança de resgate; ou pego pela guarda costeira italiana ou grega, detido por tempo indeterminado; ou encarando a impossibilidade de trânsito, as fronteiras brutalmente fechadas, as condições insalubres, a negação de direitos nacionais e internacionais, e repetidas perguntas sobre como sobreviver, mover-se, desembarcar, sobre como fazer tudo isso junto a outras pessoas na mesma situação.

Tenho sugerido que a enlutabilidade é uma condição necessária para a igualdade, que tem a ver com contar como uma vida, ou, podemos dizer, com ser um corpo que pesa e importa. Assim, a afirmação da enlutabilidade é uma das reivindicações centrais do Black Lives Matter [Vidas negras importam], um dos movimentos sociais mais poderosos dos últimos tempos, cujo nome também é um slogan que não deve ser subestimado como ferramenta política. Vemos isso também com o ¡Ni Una Menos! [Nem uma a menos!], um canto que se tornou o nome do movimento, uma ação que se tornou o nome para designar um grupo reunido em torno de um significante investido afetivamente. E, em ambos os casos, os movimentos viajaram através das fronteiras, até mesmo quando tantas pessoas não podem passar.

Meu ponto aqui tem dois aspectos: o primeiro é que o Movement for Black Lives[1] é ao mesmo tempo uma forma de luto público, uma forma de reunião e de não reunião, corporificada e virtual, que cruza fronteiras

---

[1] A partir do Black Lives Matter, nos Estados Unidos, diversos coletivos e organizações foram criados para manter as mobilizações sociais, muitos deles reunidos na coalizão Movement for Black Lives, ou M4BL, que também abriga organizações mais antigas, algumas delas ativas há décadas. O primeiro encontro do M4BL se deu na Universidade Estadual de Cleveland, em julho de 2015, especialmente motivado pela necessidade de organização e mobilização após os assassinatos de Michael Brown, Eric Garner e Tamir Rice, no ano anterior. Mais de 1.500 pessoas estiveram presentes no congresso. [N.T.]

e não é ela mesma sujeita a qualquer *lockdown*. Podemos chamar o movimento de um contracontágio. Nos últimos meses, toda vez que a polícia matou uma pessoa negra desarmada, uma pessoa descansando em casa, na sua cama (Breonna Taylor), ou correndo na direção oposta (Walter Scott); ou quando indivíduos brancos mataram uma pessoa negra praticando esportes na rua (Ahmaud Arbery), dezenas de milhares de pessoas tomaram as ruas contra esses assassinatos. O nome do grupo, Black Lives Matter, comunica que vidas negras não podem ser extinguidas tão fácil e arbitrariamente; que a desvalorização das vidas negras por supremacistas brancos encontrará oposição sempre que estiver em ação; que, ao demarcarmos e enlutarmos essas vidas, mesmo se não as conhecermos, estamos insistindo em que elas deveriam ter vivido mais e por mais tempo; que essas mortes foram atos criminosos; e que a polícia e outros perpetradores deveriam ser obrigados a prestar contas ou, de fato, que a força policial ela mesma deveria ser dissolvida.

Um conjunto concreto de propostas políticas emerge a partir da afirmação da enlutabilidade. E as políticas da enlutabilidade não se resumem a essa afirmação. Isso é mais difícil de fazer no caso das pessoas "deixadas para morrer" e abandonadas ao vírus sem acolhimento adequado ou serviços de saúde. Uma das formas de deixar morrer é a política tácita da racionalidade de mercado que aceita certo número de mortes como necessário para manter a economia funcionando. O agora desaparecido ex-presidente dos Estados Unidos encampou a imunidade de rebanho durante seu tempo no poder, revivendo o espírito da eugenia e aceitando que os fortes e ricos vão sobreviver, enquanto as pessoas pobres e, na cabeça dele, aparentemente "fracas" vão morrer. "Deixe [o vírus] ceifar!" foi um dos seus slogans, traduzido por "deixe morrer quem vai morrer dessa doença, para que a economia permaneça saudável, uma vez que a saúde da economia é mais importante que a das pessoas mais vulneráveis" – uma forma traiçoeira de malthusianismo, mas também uma expressão ardente de uma pulsão de morte que poderia ter tomado a vida dele mesmo, e quase o fez.

Semelhantemente ao Black Lives Matter, o ¡Ni Una Menos! foi às ruas para se opor à violência contra as mulheres, incluindo o espancamento e o estupro domésticos, mas a sua agenda é complexa e introduz uma nova visão do político: opõe-se à ditadura, às formas contemporâneas de revisionismo, à desigualdade salarial das mulheres, à exploração capitalista e ao extrativismo. O movimento também promove a democracia radical na forma de parlamentos e assembleias abertas que deliberam ações comuns, recordando os parlamentos espontâneos que emergiram nas ruas depois da queda do último ditador argentino. Esse movimento sobrevive ao *lockdown* da pandemia pela extensão da sua solidariedade a diferentes regiões e aos espaços on-line, assim como o faz através de novas publicações e formas de se reunir on-line. Certamente, o ¡Ni Una Menos! não só *foi às* ruas, mas também *tomou* as ruas, fazendo com que fosse impossível para a polícia estar nas ruas da Argentina. Aglomerações semelhantes inundaram as ruas de Equador, Chile, Colômbia, Porto Rico e México, e o movimento, incluindo sua proposta de greve feminista, chegou à Itália e à Turquia. Aquelas aglomerações enormes (algumas vezes chegando a três milhões de pessoas reunidas nas ruas da América Latina) não podem acontecer agora, mas o que continua acontecendo são (i) a reflexão sobre o movimento, o seu passado e seu futuro, e (ii) a publicação de livros, incluindo a publicação em inglês de *A potência feminista*, de Verónica Gago, que expõe os termos da greve feminista tanto como um evento quanto como processo coletivo em andamento (Gago, 2020). Um movimento político nunca é apenas o evento da sua aglomeração. Vemos isso quando redes são formadas, quando ler e escrever se tornam parte do projeto feminista revolucionário. Em tempos de pandemia, é especialmente importante lembrar-se da visão de Gago, a qual reanima o pensamento político de Rosa Luxemburgo, de que a greve sempre excede o ato ou o evento, demarcando um vetor de temporalidades a partir do qual um novo horizonte temporal emerge ou pode emergir. Os slogans e as reuniões começam a articular essa nova socialidade, e, para Gago, os "gestos rebeldes" são peças-chave tanto para o levante quanto para a greve (Gago, 2020, p. 44 [p. 57]). Mulheres deixaram suas casas para ir às ruas, e, mesmo que muitas tenham sido forçadas de volta à clausura doméstica, ainda existem maneiras de forjar relações e continuar a construir conexões sociais que esboçam ou prefiguram formas futuras. Para Gago, a greve feminista está conectada à assembleia geral, *assemblea*, entendida como "um dispositivo situado de inteligência coletiva", que significa tanto um espaço quanto uma prática para pensar juntas sobre problemas comuns, mas, também, sobre o mundo comum a ser construído (Gago, 2020, p. 155 [p. 187]). Revendo o legado de Rosa Luxemburgo para nossos tempos, Gago relaciona a práxis da revolução à crítica ao neoliberalismo financeiro, à despossessão colonial e às formas patriarcais de terrorismo de Estado dirigido contra mulheres, pessoas trans, travestis, trabalhadoras precarizadas e indígenas. Um amplo número de teorias e práticas vêm se relacionar com esse trabalho intelectual, mas também um conjunto de colaborações transregionais que não dependem de encontros ou assembleias em todas as ocasiões. De fato, para que uma análise seja transregional e transversal, ela em princípio não pode requerer um encontro físico. O mais importante no momento são ações que mantenham vivo o relacionamento entre afeto e ação, que transformem a revolta e a fúria em potencial coletivo e promessa revolucionária. É apenas por meio do poder acumulado de pequenos atos de trabalho que a potência revolucionária se mantém viva. Igualmente importante é a demanda de manter a vida viva – isto é, demandar condições para viver, as quais incluem o fim do feminicídio, do assassinato de pessoas racializadas, trans e queer, e de todas as que são punidas ou desaparecidas por causa de sua filiação política. A oposição à violência sexual, então, relaciona-se à violência perpetrada pelo Estado tanto sob o regime ditatorial quanto sob o regime financeiro neoliberal.

Nenhuma grande manifestação de rua já deu certo sem o trabalho nos bastidores. Como Alicia Garza deixa claro sobre o Black Lives Matter (termo cunhado por ela), o trabalho da política consiste em formas extremamente diligentes e comprometidas de fazer alianças, de maneira que, quando o evento vier, a reunião será imediata e focada. Toda reunião é condicionada e excedida por sua rede de alianças, e a totalidade de uma rede nunca aparece de uma só vez.

E a aliança é parte do que vimos emergir em 2020 e 2021 com associações de ajuda mútua, *"pods"* não nucleares[2] e redes de cuidado em expansão (SPADE, 2020). *The Care Manifesto*, escrito colaborativamente por ativistas e autoras feministas em Londres, pede-nos para considerarmos o cuidado não como atividade privada e isolada, mas como forma de poder com o potencial de mudar práticas e instituições globais e transformar o mundo. Deixando de lado a especulação sobre a essência do feminino, o chamado ao "cuidado" ressoa o feminismo revolucionário de Gago ao lançar uma crítica ferrenha à lucratividade neoliberal. *The Care Manifesto* relaciona a transformação do parentesco à divisão de gênero do trabalho e ao ativismo ecológico, e faz isso por meio do recurso ao ideal feminista de interdependência que vai além do modelo diádico, chegando a uma tecelagem cruzada da própria intersubjetividade (THE CARE COLLECTIVE et al., 2020). As autoras Catherine Rottenberg e Lynne Segal insistem em que a capacidade de reflexão em meio a tempos urgentes é uma necessidade política.[3] Elas também trazem à

---

[2] Mais nos Estados Unidos que no contexto brasileiro, os chamados "*pods* pandêmicos" – pequenos agrupamentos por fora dos laços familiares e da composição nuclear da família – foram uma alternativa ao isolamento solitário e à redução drástica da dimensão social do cotidiano. *Pods* foram especialmente populares para a educação, organizados por famílias que, tentando retomar algo da socialidade do ambiente escolar, reuniam pequenos grupos de crianças e contratavam professores particulares para ensiná-las. [N.T.]

[3] Ver "What Is Care?", de Catherine Rottenberg e Lynne Segal. Disponível em: https://bit.ly/3gHvVX6. Acesso em: 10 jul. 2021 e 5 set. 2022.

frente algumas das complexidades psicanalíticas do cuidado e do trabalho de cuidar, lembrando-nos de que, etimologicamente, "cuidado" tem origem em *"caru"*, termo que inclui preocupação, angústia, pesar, luto *e problemas* (THE CARE COLLECTIVE *et al.*, 2020, p. 27). Apesar de Merleau-Ponty não aparecer no texto, penso que o argumento deixe claro que o cuidado implica cada uma de nós na vida da outra, mapeando e animando uma política da promessa para nossos tempos. Ela é exemplificada nas redes de cuidado que operam fora dos gabinetes governamentais, nas estruturas que oferecem transporte, alimentação e abrigo para quem precisa, ampliando círculos de apoio por meio de redes on-line que produzem efeitos materiais, constituindo novas infraestruturas sociais em face daquelas que são falhas ou ausentes. Os princípios normativos para esse movimento incluem, como havia dito, interdependência, solidariedade social e crítica revolucionária. Busca-se prover condições para a vida, para a pervivência, para viver juntos. As solidariedades do cuidado são opostas ao assassinato brutal e ao deixar morrer. No caso do Black Lives Matter e do ¡Ni Una Menos!, a contestação do assassinato como uma obrigação moral ganha forma substancial quando se liga a uma crítica e a uma oposição mais ampla à desigualdade institucional e à exploração (ALCOBA; MCGOWAN, 2020).

De maneira simples, acrescentaria que, quando reconhecermos a distribuição desigual da enlutabilidade das vidas, nossos debates sobre igualdade e violência serão transformados, e a relação entre os dois domínios será entendida com maior solidez. Para que a igualdade e a vivibilidade se tornem atributos permanentes do mundo, devem ser afirmadas e reivindicadas precisamente pelos corpos que ainda se esforçam para viver, para assegurar as condições de viver, cujo esforço de viver se torna a própria substância do pensamento – e dos protestos que carregam o potencial de transformação.

No inverno norte-americano de 2022, enquanto a variante delta diminuiu e a ômicron teve um pico (antes da deltacron surgir), estava claro que as celebrações que proclamaram o fim da pandemia foram mais esperançosas que realistas. Dado que muitos países e regiões obtiveram pouquíssimas vacinas, é mais importante que nunca entender como as desigualdades globais, mergulhadas no racismo, estabelecem as posições a partir das quais a história da pandemia pode ser narrada. Nos Estados Unidos e no Reino Unido, a mídia reporta níveis crescentes de raiva entre a população que considera ser o seu "direito" não ter mais nada a ver com a pandemia e retomar suas vidas, conduzidas de acordo com a liberdade individual. A euforia maníaca que se seguiu à erradicação de todas as precauções no Reino Unido pareceu uma celebração da liberdade individual de se mover livremente em multidões, ao custo de quem não tinha como se proteger, sem qualquer preocupação com as consequências de longo prazo da covid-19. Essa forma de liberdade é expressa como um direito líquido e certo, o direito de desprezar o Estado e seus decretos de saúde, o direito de adoecer a si e a outras pessoas, o direito a disseminar morte se assim for desejado, se disseminar morte for um modo de expressar a liberdade individual. Vladimir Putin sem dúvida concordaria que a destruição é o derradeiro sinal de poder pessoal, e mesmo de liberdade individual. A fúria é a voz da liberdade individual, porque abandona uma vida comum ou compartilhada, os ideais de liberdade coletiva e o cuidado com a terra e com as criaturas viventes, incluindo as humanas. A fúria pode ser o último suspiro de uma versão de liberdade individual que entende a condição de ser uma pessoa como sendo limitada pela pele – separada e apartada –, uma fantasia que envolve fechar todas as aberturas, a não ser quando o objetivo seja promover o consumo e o prazer individuais, uma fantasia em que aquilo do mundo que deixamos entrar e aquilo que colocamos no mundo podem ser regulados e determinados por uma única pessoa. Tais "indivíduos" imaginam a si mesmos apartados do ar e do solo tóxicos, dos micróbios e das bactérias. Sendo poroso, o corpo não é pura fronteira nem pura abertura, mas uma negociação complexa entre as duas coisas, situado em um modo de viver em que respiração, comida, digestão e bem-estar – para a sexualidade, a intimidade e o receber os corpos um do outro – são todos requisitos (para si mesmo, do e pelo mundo). Não podemos realmente viver sem o outro, sem nos encontrar dentro dos poros de outro ou sem deixar o outro entrar. Pois é aí que vivemos, fora do si mesmo fronteirizado e suas presunções, como uma abertura em direção ao mundo. Isto é, vivemos em relação a um mundo que nos sustenta, uma terra e seus hábitats, incluindo os humanos que dependem de uma política comprometida com um mundo em que poderemos respirar sem medo do contágio, medo da poluição ou medo do mata-leão policial, em que nossa respiração será intermesclada com a respiração do mundo, em que esse intercâmbio de ar respirado, sincopado e livre se tornará o que é compartilhado – por assim dizer, nossos comuns.

Posfácio à edição brasileira
# Outro fim do mundo é possível

Carla Rodrigues

Uma das qualidades de um bom texto (filosófico) está em proporcionar a leitores e leitoras diversas camadas de leitura. É o que a filósofa Judith Butler oferece em *Que mundo é este? Uma fenomenologia pandêmica*. Como ela mesma define, é um livro sobre "as consequências da pandemia, sobre destruição ambiental, pobreza, racismo, desigualdades globais, violência social – inclusive a violência contra mulheres e pessoas LGBTQI+". Temos aqui a primeira camada de leitura, a da intervenção no debate público, característica da filosofia de Butler, escrita em permanente interlocução com o mundo ao seu redor. Aqui, Butler toma posições em relação às políticas de saúde e vigilância mobilizadas por governos, organismos internacionais e grandes corporações de formas mais ou menos autoritárias, com maior ou menor capacidade de oferecer suporte às vítimas da covid-19 e suas consequências.

Segue-se daí uma segunda camada de leitura, talvez menos óbvia: *Que mundo é este?* é um trabalho de metainterpretação do fenômeno da pandemia de covid-19. Com "metainterpretação" quero dizer que Butler opera a partir de seus próprios conceitos para analisar as formas de segregação impostas pela covid-19, valendo-se de seu próprio arcabouço teórico, já constituído ao longo de sua obra, justamente como instrumento de crítica às diferentes formas de segregação. Nesse sentido, é necessariamente um livro sobre ética e política que dá continuidade – não sem nos surpreender – aos temas que emergiram de modo mais perceptível em sua obra desde a publicação de *Vida precária: os poderes do luto e da violência*, *Relatar a si mesmo: crítica da violência ética*, *Quadros de guerra: quando a vida é passível de luto?* e *Corpos em aliança e a política das ruas: notas sobre uma teoria performativa de assembleia* .[1]

Trata-se de um debate sobre os limites da racionalidade neoliberal e seus efeitos devastadores na agudização do abandono à precariedade de um número cada vez maior de pessoas. Em especial a partir de 2007,

---

[1] *Precarious Life: The Power of Mourning and Violence*. London: Verso, 2004 [Ed. bras.: *Vida precária: os poderes do luto e da violência*. Tradução de Andreas Lieber. Revisão técnica de Carla Rodrigues. Belo Horizonte: Autêntica, 2018]; *Giving an Account of Oneself: A Critique of Ethical Violence*. New York: Fordham University Press, 2005 [Ed. bras.: *Relatar a si mesmo: crítica da violência ética*. Tradução de Rogério Bettoni. Belo Horizonte: Autêntica, 2015]; *Frames of War: When Is Life Grievable?*. New York: Verso, 2009 [Ed. bras.: *Quadros de guerra: quando a vida é passível de luto?*. Tradução de Sérgio Lamarão e Arnaldo Cunha. Revisão técnica de Carla Rodrigues. Rio de Janeiro: Civilização Brasileira, 2015]; *Notes Toward a Performative Theory of Assembly*. London: Harvard University Press, 2015 [Ed. bras.: *Corpos em aliança e a política das ruas: notas sobre uma teoria performativa de assembleia*. Tradução de Fernanda Miguens. Revisão técnica de Carla Rodrigues. Rio de Janeiro: Civilização Brasileira, 2018].

depois da quebradeira que varreu os mercados financeiros internacionais após o que ficou conhecido como "crise dos *subprimes*", que levou milhares de pessoas nos Estados Unidos a perderem a propriedade de suas casas e produziu efeitos devastadores na economia global, aprofundando e disseminando as diversas formas de desigualdade que nos constituem e tornando ainda mais peremptória a afirmação "não há alternativa", diante da qual ainda é preciso um exercício de contraimaginação em que este livro também se empenha.

Em fevereiro de 2020, quando o coronavírus já fazia vítimas em diferentes países, Butler publicava nos Estados Unidos *The Force of Nonviolence: An Ethico-Political Bind*.[2] Ali, com mais ênfase do que em títulos anteriores, ela defende a necessidade de uma crítica radical ao individualismo. Butler se dedicava a pensar o luto como uma contrapartida crítica aos pressupostos do individualismo neoliberal – assim como ao pressuposto de soberania fundamental à constituição do ideal de nacionalidade. Menos de um mês depois do lançamento, o mundo parava, depois de a Organização Mundial da Saúde (OMS) declarar que estávamos em pandemia, consequência da gravidade e da rapidez da disseminação do vírus da covid-19. A partir daquele momento, conceitos que Butler discutira de forma mais abstrata – interdependência, responsabilidade ética, direito ao luto, solidariedade global – ganhavam força e forma no debate público sobre como cada país

---

[2] *The Force of Nonviolence: An Ethico-Political Bind*. London: Verso, 2020. [Ed. bras.: *A força da não violência: um vínculo ético-político*. Tradução de Heci Regina Candiani. São Paulo: Boitempo, 2021.]

estabelecia sua gestão de saúde diante do avanço da pandemia. O crescente número de pessoas mortas e a imperiosa necessidade de esforços coletivos para conter a doença, promover suporte à saúde, pesquisar vacinas e tornar a vacinação acessível a todas as pessoas em todos os países exigiram (re)pensar em que tipo de mundo estamos vivendo. À proposição de interdependência soma-se a noção de interdependência corporal, explicitada pela pandemia e suas consequências para a relação entre os corpos.

Essa é uma forma de resumir *Que mundo é este?*, aguda crítica da autora à racionalidade neoliberal, agora inspirada também em conceitos da fenomenologia de Merleau-Ponty, autor presente em *Os sentidos do sujeito* (2015 [2021])[3] e muito marcante aqui. Da proximidade da filósofa com a fenomenologia – a rigor, um elemento constante na sua obra desde a tese dedicada à recepção francesa de *Fenomenologia do Espírito* – emergem as abordagens mais originais do livro: de Merleau-Ponty, Butler mobiliza as noções de tocar/sofrer o toque para descrever a nossa experiência de relação com a alteridade que a pandemia presentifica. Consolida-se aqui uma nova gramática da escrita butleriana, como já discutido por Beatriz Zampieri e Victor Galdino na "Apresentação à edição brasileira: De volta à fenomenologia, de encontro ao mundo, mais uma vez", a fim de encontrar novos caminhos teóricos para pensar as condições de possibilidade de outro mundo comum.

---

[3] *Senses of the Subject*. New York: Fordham University Press, 2015. [Ed. Bras.: *Os sentidos do sujeito*. Coordenação de tradução de Carla Rodrigues. Belo Horizonte: Autêntica, 2021.]

São ferramentas às quais se somam referências bibliográficas recém-chegadas à obra da autora, produzindo uma terceira camada de leitura, qual seja, o mapeamento desse novo referencial e sua articulação com problemas anteriores. Entram em cena referências brasileiras e latino-americanas, como Denise Ferreira da Silva, Eduardo Viveiros de Castro, Déborah Danowski e Verónica Gago. Assim, novos problemas serão postos em diálogo com o universo de questões já existentes. Compareçam também, e não pela primeira vez, mas agora de forma mais contundente, movimentos sociais como Black Lives Matter [Vidas negras importam] e ¡Ni Una Menos! [Nem uma a menos], mobilizados para acentuar sua crítica à violência de Estado e ao racismo estrutural.

Chega-se, então, a uma quarta camada de leitura, talvez a de maior interesse entre leitores e leitoras brasileiros. Livro de intervenção ao debate público provocado pela crise pandêmica, *Que mundo é este?* propõe uma aproximação entre os governos de extrema-direita, que transformaram a covid-19 numa espécie de "oportunidade" para a gestão de população excedente. Os presidentes Donald Trump e Jair Bolsonaro tornam-se protagonistas da crítica de Butler ao cálculo de escolha entre o valor da vida e o bom funcionamento da economia, tônica da abordagem de dois governantes cuja marca na gestão da pandemia foi privilegiar a circulação das mercadorias em detrimento da proteção das vidas.

É nesse ponto que a leitura de Butler ganha mais relevância no contexto brasileiro. Temas como o antropoceno, abordado a partir de Viveiros de Castro e

Danowski, e o conceito de dívida impagável, de Denise Ferreira da Silva, levam Butler a perceber, ainda que a contragosto, que a ascensão da extrema-direita ao poder expôs o limite e, de certa maneira, também o fracasso das formas de aprimoramento das democracias liberais. A descoberta leva Butler a um lugar novo e, por isso, mais interessante aos leitores e leitoras brasileiros. Aqui, vale retomar a definição inicial: *Que mundo é este?* é um livro não apenas sobre o aspecto trágico da pandemia, mas também sobre "destruição ambiental, pobreza, racismo, desigualdades globais, violência social – inclusive a violência contra mulheres e pessoas LGBTQI+" para além dos efeitos da pandemia, como resultado de uma racionalidade neoliberal cujos efeitos conhecemos antes de nomeá-la assim. A destruição promovida pelo governo Trump põe Butler diante da "brasilianização do mundo", processo descrito pelo filósofo Paulo Arantes: o Brasil é um país movido a uma promessa de futuro que se encontra, no presente, com o futuro de países que decrescem em direção ao passado do qual nunca saímos.[4] É o que Butler descreve na pergunta *Que mundo é este?*, título do livro e expressão de espanto e indignação, motores de propulsão de quem ainda pensa e aposta que outro fim do mundo é possível.

---

[4] Mais a esse respeito, permito-me referir ao meu ensaio "Interdependência e moralidade: um debate com e contra Butler", capítulo de *O luto entre a clínica e a política: Judith Butler para além do gênero* (Autêntica, 2021).

# Referências

ADORNO, Theodor. The Idea of Natural-History. In: *Things Beyond Resemblance: Collected Essays on Theodor W. Adorno*. Edited and translated by Robert Hullot-Kentor. New York: Columbia University Press, 2006.

AHMED, Sara. *Queer Phenomenology: Orientations, Objects, Others*. Durham, NC: Duke University Press, 2006.

ALCOBA, Natalie; MCGOWAN, Charis. #NiUnaMenos Five Years On: Latin America as Deadly as Ever for Women, Say Activists. *Guardian*, June 4, 2020. Disponível em https://bit.ly/3W2AfjN. Acesso em: 5 set. 2022.

AL-SAJI, Alia. Too Late: Fanon, the Dismembered Past, and a Phenomenology of Racialized Time. In: LAUBSCHER, Leswin; HOOK, Derek; DESAI, Miraj (Ed.). *Fanon, Phenomenology and Psychology*. London: Routledge, 2021. p. 177-193.

APTER, Emily. *Against World Literature: On the Politics of Untranslatability*. London: Verso, 2013.

ARIDI, Rasha. To Prevent Future Pandemics, Protect Nature. *Smithsonian Magazine*, Oct. 30, 2020. Disponível em: https://bit.ly/3TYjJ2i. Acesso em: 5 set. 2022.

BEAUVOIR, Simone de. *The Second Sex*. Edited and translated by H. M. Parshley. New York: Vintage, 1989. [Ed. bras.: *O segundo sexo: fatos e mitos*. Tradução de Sérgio Millet. 5. ed. Rio de Janeiro: Nova Fronteira, 2019.]

BENJAMIN, Walter. *Escritos sobre mito e linguagem*. São Paulo: Editora 34, 2011.

BUTLER, Judith. *Frames of War: When Is Life Grievable?*. London: Verso, 2009. [Ed. bras.: *Quadros de guerra: quando a vida é passível de luto?*. Tradução de Sérgio Lamario e Arnaldo Marques Cunha; revisão técnica de Carla Rodrigues. Rio de Janeiro: Civilização Brasileira, 2015.]

BUTLER, Judith. *Gender Trouble: Feminism and the Subversion on Identity*. New York: Routledge, 1990. [Ed. bras.: *Problemas de gênero: feminismo e subversão da identidade*. Tradução de Renato Aguiar; revisão técnica de Joel Birman. 13. ed. Rio de Janeiro: Civilização Brasileira, 2017.]

BUTLER, Judith. Hannah Arendt's Death Sentences. *Comparative Literature Studies*, v. 48, n. 3, p. 280-295, 2011.

BUTLER, Judith. *Precarious Life: The Powers of Mourning and Violence*. London: Verso, 2004. [Ed. bras.: *Vida precária: os poderes do luto e da violência*. Tradução de Andreas Lieber; revisão técnica de Carla Rodrigues. Belo Horizonte: Autêntica, 2019.]

BUTLER, Judith. *The Force of Nonviolence: An Ethico-Political Bind*. London: Verso, 2020. [Ed. bras.: *A força da não violência: um vínculo ético-político*. Tradução de Heci Regina Candiani. São Paulo: Boitempo, 2021.]

CARRINGTON, Damian. World Leaders "Ignoring" Role of Destruction of Nature in Causing Pandemics. *Guardian*, June 4, 2021. Disponível em: https://bit.ly/3TOg07O. Acesso em: 5 set. 2022.

CLUNE-TAYLOR, Catherine. Is Sex Socially Constructed?. In: CRASNOW, Sharon L.; INTEMANN, Kristen (Eds.). *The Routledge Handbook of Feminist Philosophy of Science*. London: Routledge, 2021.

CRANE, Tim. The History of the Concept of Intentionality. In: THE ROUTLEDGE Encyclopedia of Philosophy. London: Taylor and Francis, 1998. [s.p.]. Disponível em: https://bit.ly/3W5AGK7. Acesso em: 5 set. 2022.

DA SILVA, Denise Ferreira. On Difference Without Separability. *Issuu*, Nov. 17, 2016. Disponível em: https://bit.ly/3N82Ekg. Acesso em: 30 ago. 2022. [Ed. bras.: Sobre diferença sem separabilidade. In: 32ª BIENAL de São Paulo: Incerteza Viva. São Paulo: Fundação Bienal de São Paulo, 2016. p. 57-66. Catálogo de exposição. Disponível em https://https://bit.ly/3TOgmva. Acesso em: 30 ago. 2022.]

DANOWSKI, Déborah; CASTRO, Eduardo Viveiros de. *The Ends of the World*. Translated by Rodrigo Nunes. Cambridge, MA: Polity Press, 2017. [Ed. bras.: *Há mundos por vir? Ensaios sobre os medos e os fins*. Florianópolis: Cultura e Barbárie, 2014.]

DAVIDSON, Arnold I. Structures and Strategies of Discourse: Remarks Toward a History of Foucault's Philosophy of Language. In: *Foucault and His Interlocutors*. Edited by Arnold I. Davidson. Chicago: The University of Chicago Press, 1997. p. 1-20.

DAVIS, Angela Y.; DENT, Gina; MEINERS, Erica R.; RICHIE, Beth E. *Abolition. Feminism. Now*. Chicago: Haymarket, 2021.

DELEUZE, Gilles. What Can a Body Do?. In: *Expressionism in Philosophy: Spinoza*. Translated by Martin Joughin. New York: Zone, 1992. p. 217-234. [Ed. bras.: Que pode um corpo?. In: *Espinosa e o problema da expressão*. Tradução de GT Deleuze 12; coordenação da tradução de Luiz B. L. Orlandi. São Paulo: Editora 34, 2017. p. 239-281.]

DERRIDA, Jacques. The "World" of the Enlightenment to Come (Exception, Calculation, Sovereignty). Translated by Pascale-Anne Brault and Michael Naas. *Research in Phenomenology*, v. 33, p. 9-52, 2003. [Ed. franc.: Le "Monde" des Lumières à venir (exception, calcul et souveraneté). In: *Voyous*. Paris: Galilée, 2003. Ed. port.: *Vadios: dois ensaios sobre a razão*. Tradução de Fernanda Bernardo, Hugo Amaral e Gonçalo Zagalo. Coimbra: Palimage, 2009.]

FANON, Frantz. The Fact of Blackness. In: *Black Skin, White Masks*. Translated by Richard Philcox. New York: Grove, 2008. [Ed. franc.: L'Expérience vécue du Noir. In: *Peau noir, masques blancs*. Paris: Editions du Seuil, 1952. Ed. bras.: A experiência vivida do negro. In: *Pele negra, máscaras brancas*. Tradução de Sebastião Nascimento. São Paulo: Ubu, 2020.]

FAUSTO-STERLING, Anne. *Sex/Gender: Biology in a Social World*. New York: Routledge, 2012.

FEHER, Michel. Self-Appreciation; or, The Aspirations of Human Capital. Translated by Ivan Ascher. *Public Culture*, v. 21, n. 1, p. 21-41, 2009.

FOUCAULT, M. *Ética, sexualidade, política*. Tradução de Elisa Monteiro e Inês Autran Dourado Barbosa. 3. ed. Rio de Janeiro: Forense Universitária, 2012. (Ditos e Escritos, V.)

FREUD, S. *Mourning and Melancholia*. Translated by James Strachey. London: Hogarth, 1957. (The Standard Edition of the Complete Psychological Works of Sigmund Freud, 14). [Ed. bras.: Luto e melancolia. In: *Neurose, psicose, perversão*. Trad. Maria Rita Salzano Moraes. Belo Horizonte: Autêntica, 2016. p. 99-121. (Obras Incompletas de Sigmund Freud.)]

FREUD, Sigmund. Reflections on War and Death. Translated by A. A. Brill and Alfred B. Kuttner. New York: Moffat Yard, 1918. [Ed. bras.: Considerações contemporâneas sobre a guerra e morte. In: *Cultura, sociedade, religião: o mal-estar na cultura e outros escritos*. Tradução de Maria Rita Salzano Moraes. Belo Horizonte: Autêntica, 2020. p. 99-135. (Obras Incompletas de Sigmund Freud.)]

GADAMER, Hans-Georg. *Truth and Method*. Translated by Joel Weinsheimer and Donald G. Marshall. New York: Bloomsbury, 2013. [Ed. bras.: *Verdade e método: traços fundamentais de uma hermenêutica filosófica*. Tradução de Flávio Paulo Meurer. Petrópolis: Vozes, 2011.]

GAGO, Verónica. *Feminist International: How to Change Everything*. Translated by Liz Mason-Deese. London: Verso, 2020. [Ed. bras.: *A potência feminista, ou o desejo de transformar tudo*. Tradução de Igor Peres. São Paulo: Elefante, 2020.]

GILMORE, Ruthie. *Golden Gulag: Prisons, Surplus, Crisis, and Opposition in Globalizing California*. Berkeley: University of California Press, 2007.

GUENTHER, Lisa. Six Senses of Critique for Critical Phenomenology. *Puncta, Journal of Critical Phenomenology*, v. 4, n. 2, 2021.

GUENTHER, Lisa. *Solitary Confinement: Social Death and Its Afterlives*. Minneapolis: University of Minnesota Press, 2012.

GUENTHER, Lisa. The Biopolitics of Starvation in California Prisons. *Society + Space*, Aug. 2, 2013. Disponível em: https://bit.ly/3gJzCvd. Acesso em: 5 set. 2022.

GURWITSCH, Aron. *Studies in Phenomenology and Psychology*. Evanston, IL: Northwestern University Press, 1966.

HARAWAY, Donna J. Tentacular Thinking. In: *Staying with the Trouble: Making Kin in the Chthulucene*. Durham, NC: Duke University Press, 2016. p. 30-57.

HARNEY, Stefano; MOTEN, Fred. *The Undercommons: Fugitive Planning and Black Study*. New York: Minor Compositions, 2013. Disponível em: https://bit.ly/3FoE9xo. Acesso em: 5 set. 2022.

HEIDEGGER, Martin. The Age of the World-Picture. In: *The Question Concerning Technology and Other Essays*. Translated by William Lovitt. New York: Harper & Row, 1977.

HUSSERL, Edmund. *The Phenomenology of Internal Time Consciousness*. Bloomington: Indiana University Press, 1964. [Ed. port.: *Lições para uma fenomenologia da consciência interna do tempo*. Tradução, introdução e notas de Pedro M. S. Alves. Lisboa: Casa da Moeda, 1994.]

KANT, Immanuel. *The Metaphysics of Morals.* Translated by Mary Gregor. Cambridge: Cambridge University Press, 1996. [Ed. bras.: *A metafísica dos costumes.* Tradução de Clélia Aparecida Martins [Primeira Parte], Bruno Nadai, Diego Kosbiau e Monique Hulshof [Segunda Parte]. Petrópolis: Vozes; Bragança Paulista: Editora Universitária São Francisco, 2013.]

KJOSAVIK, Frode; BEYER, Christian; FRICKE, Christel (Eds.). *Husserl's Phenomenology of Intersubjectivity: Historical Interpretations and Contemporary Applications.* New York: Routledge, 2019.

KLENERT, David; FUNKE, Franziska; MATTAUCH, Linus; O'CALLAGHAN, Brian. Five Lessons from COVID-19 for Advancing Climate Change Mitigation. *Environmental and Resource Economics,* v. 76, p. 751-778, 2020. Disponível em: https://bit.ly/3zg3yFU. Acesso em: 5 set. 2022.

LANDGREBE, Ludwig. The World as a Phenomenological Problem. *Philosophy and Phenomenological Research,* v. 1, n. 1, p. 38-58, Sept. 1940.

LATOUR, Bruno. *Facing Gaia: Eight Lectures on the New Climatic Regime.* Translated by Catherine Porter. Malden, MA: Polity, 2017. [Ed. bras.: *Diante de Gaia: oito conferências sobre a natureza do antropoceno.* Tradução de Maryalua Meyer. São Paulo: Ubu, 2020.]

LUGONES, María. Playfulness, "World"-Travelling, and Loving Perception. *Hypatia,* v. 2, n. 2, p. 3-19, 1987.

MARX, Karl. *Economic and Philosophic Manuscripts of 1844.* In: *Karl Marx/Frederick Engels Collected Works.* Translated by Martin Milligan and Dirk Struik. New York: International Publishers, 1975. v. 3. [Ed. bras.: *Manuscritos econômico-filosóficos.* Tradução, apresentação e notas de Jesus Ranieri. São Paulo: Boitempo, 2010.]

MBEMBE, Achille. Thoughts on the Planetary: An Interview with Achille Mbembe. Interview by Sindre Bangstad and Tobjørn Tumyr Nilsen. *New Frame*, Johannesburg, Sept. 5, 2019. Disponível em: https://bit.ly/3N2T7v3. Acesso em: 11 ago. 2022.

MERLEAU-PONTY, Maurice. Eye and Mind. In: *The Primacy of Perception and Other Essays on Phenomenological Psychology, the Philosophy of Art, History and Politics*. Edited by James M. Edie; translated by Carleton Dallery. Evanston, IL: Northwestern University Press, 1964. [Ed. bras: *O olho e o espírito*. Tradução de Paulo Neves e Maria Ermantina Galvão. São Paulo: Cosac Naify, 2013.]

MERLEAU-PONTY, Maurice. *Humanism and Terror: The Communist Problem*. Translated by John O'Neill. New Brunswick, NJ: Transaction, 2000. [Ed. bras.: *Humanismo e terror: ensaio sobre o problema comunista*. Tradução de Naume Ladosky. Rio de Janeiro: Tempo Universitário, 1968.]

MERLEAU-PONY, Maurice. The Intertwining: The Chiasm. In: *The Visible and the Invisible: Followed by Working Notes*. Edited by Claude Lefort; translated by Alphonso Lingis. Evanston, IL: Northwestern University Press, 1968. p. 130-155. [Ed. bras.: O entrelaçamento: o quiasma. In: *O visível e o invisível*. Tradução de José Artur Gianotti e Amando Mora d'Oliveira. São Paulo: Perspectiva, 2019. p. 127-150.]

MITSCHERLICH, Alexander; MITSCHERLICH, Margarete. *The Inability to Mourn: Principles of Collective Behavior*. Translated by Beverley R. Placzek. New York: Grove, 1975.

MOTEN, Fred. The Blur and Breathe Books. In: *Consent not to Be a Single Being*. Durham, NC: Duke University Press, 2017.

NATANSON, Maurice. *Edmund Husserl: Philosopher of Infinite Tasks*. Evanston, IL: Northwestern University Press, 1973.

PERKINS, Krystal M. *et al*. COVID-19 Pandemic Lessons to Facilitate Future Engagement in the Global Climate Crisis. *Journal of Cleaner Production*, v. 290, p. 125-178, 2021. Disponível em: https://bit.ly/3TTRd1R. Acesso em: 5 set. 2022.

PRADEU, Thomas. *The Limits of the Self: Immunology and Biological Identity*. Translated by Elizabeth Vitanza. Oxford: Oxford University Press, 2012.

PRADEU, Thomas. *The Philosophy of Immunology*. Cambridge: Cambridge University Press, 2020. Disponível em: https://bit.ly/3TYqhhM. Acesso em: 5 set. 2022.

PRENDERGAST, Christopher (Ed.). *Debating World Literature*. London: Verso, 2004.

RANCIÈRE, Jacques. Ten Theses on Politics. In: *Dissensus: On Politics and Aesthetics*. Translated by Steven Corcoran. London: Continuum, 2010.

SALAMON, Gayle. What's Critical About Critical Phenomenology?. *Puncta, Journal of Critical Phenomenology*, v. 1, n. 1, 2018.

SARTRE, Jean-Paul. *The Transcendence of the Ego: A Sketch for a Phenomenological Description*. Translated by Andrew Brown. Oxon: Routledge, 2004. [Ed. bras.: *A transcendência do Ego: esboço de uma descrição fenomenológica*. Tradução de João Batista Kreuch. 2. ed. Petrópolis: Vozes, 2015.]

SCHELER, Max. Zum Phänomen des Tragischen. In: *Vom Umsturz der Werte: Abhandlungen und Aufsätze*. Franke Verlag, 2007. p. 277-302. (Gesammelte Werke, 3.) [On the Tragic. In: COFFIN, Arthur B. (Ed.). *The Questions of Tragedy*. San Francisco: Edwin Mellen Press, 1991. p. 105-126; On the Tragic. Translated by Bernard Stambler. *Cross Currents*, v. 4, n. 2, p. 178-191, 1954.]

SMITH, Stephen J. Gesture, Landscape and Embrace: A Phenomenological Analysis of Elemental Motions. *Indo-Pacific*

*Journal of Phenomenology*, v. 6, n. 1, p. 1-10, 2006. Disponível em: https://bit.ly/3SJA3TW. Acesso em: 5 set. 2022.

SPADE, Dean. *Mutual Aid: Building Solidarity During This Crisis (and the Next)*. London: Verso, 2020.

STENGERS, Isabelle. *In Catastrophic Times: Resisting the Coming Barbarism*. Translated by Andrew Goffey. London: Open Humanities Press; Meson Press, 2015. [Ed. bras.: *No tempo das catástrofes: resistir à barbárie que se aproxima*. Tradução de Eloísa Araújo Ribeiro. São Paulo: Cosac Naify, 2015.]

THE CARE COLLECTIVE, et al. *The Care Manifesto: The Politics of Interdependence*. London: Verso, 2020.

WEISS, Gail. Phenomenology and Race (or Racializing Phenomenology). In: TAYLOR, Paul C.; ALCOFF, Linda Martín; ANDERSON, Luvell (Eds.). *The Routledge Companion to Philosophy of Race*. Abingdon, UK: Routledge, 2017.

WEISS, Gail; MURPHY, Ann V.; SALAMON, Gayle (Eds.). *50 Concepts for a Critical Phenomenology*. Evanston, IL: Northwestern University Press, 2019.

WITTGENSTEIN, Ludwig. *Tractatus Logico-Philosophicus*. Translated by C. K. Ogden. Mineola, NY: Dover, 1999. [Ed. bras.: *Tractatus logico-philosophicus*. Tradução, apresentação e estudo introdutório de Luiz Henrique Lopes dos Santos. 3. ed. São Paulo: Editora da Universidade de São Paulo, 2001.]

YOUNG, Iris Marion. Throwing Like a Girl: A Phenomenology of Feminine Body Comportment Motility and Spatiality. *Human Studies*, v. 3, n. 2, p. 137-186, Apr. 1980.

# Índice remissivo

abraço, 118-120
Adorno, Theodor, 95
Ahmed, Sara, 109, 113
Alcoba, Natalie, 154
Al-Saji, Alia, 120
Arendt, Hannah, 144-5
Beauvoir, Simone de, 108
Beyer, Christian, 114
Black Lives Matter, 15, 19, 59, 86, 148-150, 152, 154, 161
Boris Johnson, 81
Brasil, 27-8, 40, 129, 161-2
Butler, Judith, 9-11, 13-15, 17-20, 22-3, 26, 31, 42, 56, 104, 133, 134, 136, 138, 144, 157-162
Castro, Eduardo Viveiros de, 35, 161
Chen, Tina, 97
clima, 66, 95
Clune-Taylor, Catherine, 123
construção do mundo, constituição do mundo, constituição mundana, 10-1, 17, 54-6, 106
corpo, 13-15, 19, 23, 25, 32, 37-9, 41-2, 65-71, 74, 77, 82, 86, 88-9, 92-5, 97, 103, 108-10, 114-5, 117, 119-20, 122, 142, 145, 155-156, 160
Crane, Tim, 118-119
Da Silva, Denise Ferreira, 21, 28, 118, 161
Danowski, Déborah, 35, 161
Davis, Angela, 111
Deleuze, Gilles, 93
deltacron, ômicron, 33, 97, 131, 155, 165
Dent, Gina, 111
Derrida, Jacques, 143-144
Donald Trump, 36, 161
enlutabilidade, não-enlutável, 15, 17, 128, 133-134, 139-140, 147-149, 154
entrelaçamento, 12, 66, 70, 79, 92-93, 105, 114, 119-120, 125
Espinosa, Bento de, 17, 42, 93
estudos raciais, 18, 27-28, 30, 59, 60, 85-7, 110-1, 120, 129-30, 138, 152
Fanon, Frantz, 120
Fausto-Sterling, Anne, 39
Feher, Michel, 127
Fenomenologia, 9-12, 26, 42-43, 48-51, 71, 90, 105, 107-113, 117, 134, 157, 160

"redução" fenomenológica, 105
fenomenologia crítica, 10, 108, 110, 112-113
Foucault, Michel, 86, 112-113
Freud, Sigmund, 49, 119, 134-136, 138
Fricke, Christel, 114
Fugitividade, 20-21, 30-31
Gadamer, Hans-Georg, 34
Gago, Verónica, 18, 151, 153, 161
Garza, Alicia, 59, 152
George Floyd, 86
Ghebreyesus, Tedros Adhanom, 100
Gilmore, Ruthie, 123
Guenther, Lisa, 10, 109-112
Gurwitsch, Aron, 51
habitabilidade, 63-65, 95
Haraway, Donna, 124
Harney, Stefano, 19, 21, 27-29
Heidegger, Martin, 47
Husserl, Edmund, 11, 49-52, 67, 105-109, 114, 143
Joe Biden, 33
Kant, Immanuel, 115-116, 143-144
Kjosavik, Frode, 114
Landgrebe, Ludwig, 50, 107
Latour, Bruno, 124
*lockdown*, 81, 97, 149-150
Lugones, María, 35-36, 94
luto, 16-17, 26, 53-55, 57, 60, 126, 133-135, 138, 140-143, 148, 154, 158-159, 162
Luxemburgo, Rosa, 151
Marx, Karl, 82-84, 105, 123
Mbembe, Achille, 34-35, 67, 79
McGowan, Charis, 154
Meiners, Erica, 111
Melancolia, 134-140
Merleau-Ponty, Maurice, 154, 160
Mitscherlich, Alexander, 137
Mitscherlich, Margarete, 137
Moten, Fred, 19, 21, 27- 29, 121
Movement for Black Lives, 148
Mundo, 10-2, 14, 17-8, 20-3, 25-39, 41-52, 54-71, 73, 78-81, 87, 89-107, 109, 112-5, 117-21, 123-4, 126-8, 137
mundo habitável, 61-65, 71, 90, 94-95, 100-1, 104
mundo comum, 79, 102-3, 117-8, 130, 151, 160
mundo da vida, 14, 42, 90, 101
Murphy, Ann, 113
Necropolítica, 128, 140
¡Ni Una Menos!, 19, 148, 150, 154, 161
partilha do mundo, 65, 73
partilhar, 65
pertencer, pertencimento, 27, 29, 53, 66, 130, 138, 142
pervivência, 17, 32, 121, 142, 154
pesar, 12, 56-7, 63, 67, 94, 154
potência, 17-8, 57, 93, 145, 151-3

Pradeu, Thomas, 38-9, 41
Prendergast, Cristopher, 35
pulsão de morte, 89, 119, 127, 150
racismo estrutural, 35, 79, 86-7, 161
Rancière, Jacques, 29
Ransby, Barbara, 59
reconhecimento, 15-7, 29, 134-6
respirar, respirabilidade, 35, 53, 57, 67, 79, 96, 104, 117, 156
Richie, Beth, 111
Rottenberg, Catherine, 153
Salamon, Gayle, 10, 109, 112-3
Sartre, Jean-Paul, 50-1, 105, 107-8
Scheler, Max, 10, 11-2, 43, 49-59, 62, 67, 70, 94, 106-7, 110, 126
Segal, Lynne, 153
Smith, Stephen, 118
Spade, Dean, 153
Stengers, Isabelle, 124
Subcomum, 21, 22, 28, 30
sujeito, 12-3, 47, 50-1, 54, 63, 67-8, 93, 110, 115, 118, 123-4, 134
tatilidade, tátil, 58
terra, 34, 64-6, 78, 92, 94-5, 98, 103-4, 129-30, 139, 144, 156
trágico, 11-2, 52-5, 57-9, 63, 67, 70, 78, 94, 106, 162
violência, não violência, 14, 17-8, 22, 25, 62, 72, 89, 120, 125, 133, 140, 145, 150, 152, 154, 157, 162
vivibilidade, 64, 67, 72, 75, 79, 154
Vladimir Putin, 155
Vulnerabilidade, 19, 22-3, 33, 38, 42, 61, 122-3, 130-1
Weiss, Gail, 113, 119
Wittgenstein, Ludwig, 44-5, 67
Young, Iris Marion, 108, 109

Este livro foi composto com tipografia Bembo e impresso
em papel Off-White 80 g/m² na Formato Artes Gráficas.